D1719196

Andreas Wald (Hrsg.)

Projektwissensmanagement

Status quo | Gestaltungsfaktoren | Erfolgsdeterminanten

Cuvillier Verlag Göttingen

Bibliografische Information der Deutschen Nationalbibliothek

Die Deutsche Nationalbibliothek verzeichnet diese Publikation in der Deutschen Nationalbibliografie; detaillierte bibliografische Daten sind im Internet über http://dnb.ddb.de abrufbar.

1. Aufl. - Göttingen : Cuvillier, 2008

978-3-86727-731-0

© CUVILLIER VERLAG, Göttingen 2008
  Nonnenstieg 8, 37075 Göttingen
  Telefon: 0551-54724-0
  Telefax: 0551-54724-21
  www.cuvillier.de

Alle Rechte vorbehalten. Ohne ausdrückliche Genehmigung des Verlages ist es nicht gestattet, das Buch oder Teile daraus auf fotomechanischem Weg (Fotokopie, Mikrokopie) zu vervielfältigen.
1. Auflage, 2008
Gedruckt auf säurefreiem Papier

978-3-86727-731-0

INHALTSVERZEICHNIS

Zusammenfassung

Wissen, das in Projekten erzeugt und zusammengetragen wird, stellt für Unternehmen eine wertvolle Ressource dar. Mit der Auflösung der temporären Organisationsform „Projekt" geht diese Ressource oftmals verloren, weil übliche organisationale Mechanismen des Wissensmanagements nicht greifen. Daher sind für das Management von Projektwissen (PWM) besondere Maßnahmen erforderlich. Der Beitrag gibt Einblicke in die Ergebnisse einer Studie, die Erfolgsfaktoren und Gestaltungsmöglichkeiten des Projektwissensmanagements untersucht.

Abbildung 1: **Schematische Übersicht des Zusammenhangs von PWM-Effektivität und Projekterfolg**

	hoher Projekterfolg	mittlerer Projekterfolg	geringer Projekterfolg
hoher PWM-Erfolg	51%	29%	10%
mittlerer PWM-Erfolg	37%	41%	33%
geringer PWM-Erfolg	13%	29%	57%

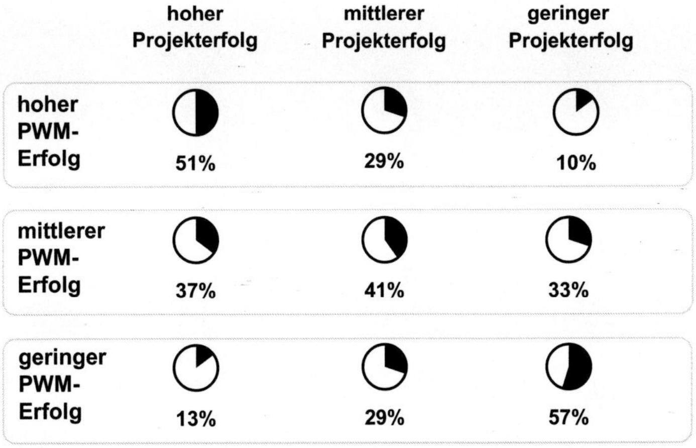

Quelle: Eigene Erhebung; N = 496, Skala 1 (trifft überhaupt nicht zu) bis 5 (trifft sehr zu); die Faktoren PWM-Effektivität und Projekterfolg sind jeweils nach Ausprägungsgrad systematisch in drei paritätische Segmente unterteilt („hoch", „gering", „mittel").

Für ein erfolgreiches Projektwissensmanagement ist die Beachtung kultureller, organisatorischer, prozessualer und informationstechnologischer Stellhebel entscheidend. Die Wirkungszusammenhänge und Ausgestaltungsmöglichkeiten sind allerdings branchen- und projektartendifferenziert zu betrachten. Einigen Unternehmen gelingt es bereits heute deutlich besser, ihr wertvolles Projektwissen zu speichern und aktiv wieder einzusetzen. Auch lassen sich zwischen verschiedenen Branchen und Projektarten Unterschiede erkennen. Insgesamt zeigt sich über alle Branchen und Projektarten hinweg, dass sich Aktivitäten im Projektwissensmanagement auszahlen: Unternehmen, die in diesem Bereich hohe Aktivitäten aufweisen, erzielen signifikant höhere Projekterfolge (vgl. Abbildung 1). Grund genug, Projektwissensmanagement auf die Agenda des Projektmanagements zu setzen.

1 Wissensmanagement in temporären Organisationsformen

Frank Lindner, Andreas Wald

Die wirtschaftliche Entwicklung in modernen Volkswirtschaften ist durch eine kontinuierliche Entmaterialisierung und Fragmentierung von Wertschöpfungsketten und daraus folgend, der zunehmenden Komplexität von Prozessen gekennzeichnet (Pawlowski, 1994; Willke, 1997). Flankiert werden diese Entwicklungen durch hohe Anforderungen an die Flexibilität und permanenten Zeitdruck. Dies führt zu einer steigenden Wissensintensität der Arbeitsinhalte und einer Zunahme der Bedeutung wissensintensiver Dienstleistungen, es wird auch von der „wissensgetriebenen" Wirtschaft gesprochen („knowledge-driven economy": Drucker, 1998). Infolgedessen spielt Wissen als intangible Ressource und Erfolgsfaktor für Organisationen eine zunehmend wichtige Rolle (Porter, 1991; Nahapiet/Goshal, 1998; Teece, 1998; Winter, 1987; Kogut/Zander; 1992; Nonaka; 1996). Dieser Trend spiegelt sich in den theoretischen Konzepten zur Relevanz von Wissen wieder. Der „knowledge-based view of the firm" betrachtet Wissen und die Fähigkeit, individuelles Wissen im Kontext der gemeinsamen Erfüllung von Aufgaben zu integrieren, als wesentliche Grundlage für die Erzielung von Wettbewerbsvorteilen (Grant, 1996; Spender, 1996).

Parallel zur Bedeutung von Wissen nimmt auch das Ausmaß temporärer Formen der Arbeit zu. Einer Studie zufolge steigt der Anteil der Wertschöpfung durch Projekte von heute zwei auf fünfzehn Prozent im Jahr 2020 (Deutsche Bank Research, 2007). Die Anerkennung des großen Verbreitungsgrades von Projekten als Organisationsform erfolgte in der wissenschaftlichen Literatur jedoch erst in der jüngeren Vergangenheit (Ekstedt et al., 1999). Begriffe wie Projektorientiertes Unternehmen, Projektbasierte Organisation oder Projektifizierung sind Belege für diesen Trend (Ekstedt et al., 1999; Hobday, 2000). Aktuell ist ein Paradigmenwechsel zu beobachten, der sich in einem Wandel der Betrachtung von Projekten als Ausnahmeerscheinung hin zur Projektabwicklung als Tagesgeschäft – mit hohem Beitrag zur Wertschöpfung – äußert (Winch, 2000). Projekte unterscheiden sich aufgrund des temporären und einzigartigen Charakters deutlich von Standardgeschäftsprozessen. Sie sind gekennzeichnet durch diskontinuierliche Personalkonstellationen und Arbeitsinhalte, das Fehlen organisationaler Routinen, eine eher kurzfristig orientierte

Arbeitsweise und funktionsübergreifende Integration interner und externer Experten (Prencipe/Tell, 2001; Schindler/Eppler, 2003).

Daraus ergibt sich, dass das Management von Wissen in temporären Organisationen einen zunehmend wichtigen Erfolgsfaktor darstellt. Sowohl auf dem Gebiet des Wissens- als auch auf dem des Projektmanagements befasst sich ein beträchtlicher Teil der Forschung mit theoretischen, konzeptionellen und empirischen Fragestellungen im jeweiligen Feld. Es existieren jedoch nur wenige Ansätze, die beide Forschungszweige kombinieren und die Herausforderungen des Wissensmanagements in temporären Organisationen analysieren (Love et al., 2005; Brookes et al., 2006).

Im vorliegenden Band wird auf die spezifischen Problemstellungen des Wissensmanagements in temporären Organisationen eingegangen. Wir stellen die Ergebnisse einer empirischen Studie vor, in der wir den Status quo, die Gestaltungsfaktoren und die Erfolgsdeterminanten des Wissensmanagements im Projektkontext untersucht haben.

1.1   Gründe für die steigende Bedeutung von Wissen

Zunehmende Komplexität

In nahezu allen Wissensbereichen kann eine zunehmende Komplexität beobachtet werden. Dies bezieht sich sowohl auf die Generierung als auch auf die Verteilung von Wissen (Picot et al., 1998). Die technologischen Möglichkeiten, Daten, Information und Wissen bei niedrigen Kosten und hoher Geschwindigkeit zu speichern und auszutauschen, führen zu einer zunehmenden Verdichtung des Netzwerks aus Wissensbestand und Wissensträgern. Die Arbeitsinhalte von Unternehmen nahezu aller Branchen und aller Funktionsbereiche (Forschung und Entwicklung, Einkauf, Verkauf, Produktion etc.) werden komplexer, weil höhere Technologiestandards und Anforderungen interner und externer Kunden die Unternehmen sowie deren Produkte und Dienstleistungen vor neue Herausforderungen stellen. Wettbewerbsvorteile entstehen durch Innovationen als Resultat der Kombination und Integration von Wissen aus unterschiedlichen Disziplinen und Erfahrungshintergründen.

Zunehmende Dynamik

In engem Zusammenhang mit der zunehmenden Wissensintensität steht die zunehmende Dynamik bei der Weiterentwicklung der Wissensbasis. Die Halbwertszeit von Wissen nimmt kontinuierlich ab. Die Verkürzung der Produktlebens- und Innovationszyklen setzen Unternehmen unter enormen Innovationsdruck (Boutellier et al., 2000; Bullinger, 2006). Die Dynamik wird zusätzlich durch die steigenden Anforderungen an Mobilität und Flexibilität von Menschen und Daten sowie die damit zusammenhängende wechselnde Personalbasis (Fluktuation insbesondere von Experten und Wissensarbeitern) verstärkt.

Verteilte und spezialisierte Wissensquellen

Globale, deregulierte Märkte führen zu einer Intensivierung des Wettbewerbs und dazu, dass wissensintensive Prozesse in stärkerem Maße verteilt (geographisch und personell) bearbeitet werden. Dies gilt ebenso für die Speicherung und Ablage von Daten in Unternehmen und deren internen und externen Netzwerken von Partnern. Unterschiedliche marktspezifische Anforderungen hinsichtlich rechtlicher Rahmenbedingungen, Sicherheit, Gesundheits- und Umweltschutz haben großen Einfluss sowohl auf Produkt- und Servicequalität als auch auf die Lieferbedingungen der Güter und Dienstleistungen. Daraus ergibt sich, dass Kenntnisse der jeweiligen Anforderungen und der besonderen Umstände internationaler Aktivitäten eine wichtige Rolle spielen. Die Aggregation verteilten Wissens ist bereits in permanenten Organisationen kein triviales Problem und wird im Projektkontext noch deutlich erschwert.

Zunehmende Bedeutung von Expertenwissen und Spezialisierung

Unternehmen sehen sich hohen Anforderungen hinsichtlich Flexibilität und Reaktionsgeschwindigkeit ausgesetzt (Cohen/Levinthal, 1990; Flecker/Schienstock, 1991). Die Wandlungsfähigkeit, Reaktionsfähigkeit und Flexibilität hinsichtlich qualitativer (z.B. Schwankungen der Kundenanforderungen) und quantitativer (z.B. Nachfrageschwankungen) Aspekte muss in organisatorische Strukturen und Prozesse integriert werden (Warnecke, 1993; Warnecke/Zahn, 2005; Zahn et al., 2004). Die Wandlungsfähigkeit lässt sich durch die Entwicklung so genannter dynamischer Fähigkeiten (dynamic capabilities) steigern (Teece et al., 1997). Zur Unterstützung dieses Ziels wurden Managementansätze wie Geschäftsprozessmanagement, Kompetenzmanagement und Wissensmanagement entwickelt. Auf der Fertigungsebene sind flexible Produktionssysteme, teil-autonome Arbeitsgruppen, Modularisierung von Produkten und Variantenmanagement Beispiele für diese Entwicklung. Auf der überbetrieblichen Ebene wird versucht, die Flexibilität und Reaktionsgeschwindigkeit durch Kooperationsformen wie Netzwerke, Joint Ventures oder Technologie-Cluster zu fördern. Unabhängig von der Form der Partnerschaft spielt auch hier die Integration und Konzentration von Wissen und Kompetenzen eine wichtige Rolle. Da interorganisatorische Netzwerke häufig temporärer Natur sind, liegen ebenfalls die besonderen Herausforderungen des Wissensmanagements in projektartigen Organisationsformen vor.

Eine weitere Möglichkeit, flexible Reaktionen auf Nachfrage und neue Anforde-
rungen sicherzustellen, ist die Integration externer Experten wie zum Beispiel
Berater (Bleicher, 1996; Bullinger et al., 2003; Savage, 1997; Sydow, 2006).
Unternehmen übernehmen in wachsendem Ausmaß die Rolle eines Integra-
tors und Koordinators von interner und externer Expertise und Wissen, um
Ergebnisse zu erzielen, die in der überwiegenden Zahl der Fälle einen hohen
Grad an Innovation aufweisen (Ericsson et al., 2006; Grant 1996).

1.2 Projektwissensmanagement – Definition und Kontext

Wissen im Allgemeinen umfasst die Fähigkeiten, Erfahrungen und Informationen, die der Einzelne für die Lösung von Problemen einsetzt (Baker et al.,
1999). Wissensmanagement beinhaltet sämtliche Tätigkeiten die eine Organisation anwendet, um dieses Wissen zu generieren, zu speichern und weiterzugeben (Probst et al., 1998).

Abbildung 2: **Wissensarten und -Flüsse in Zusammenhang mit Projektwissensmanagement**

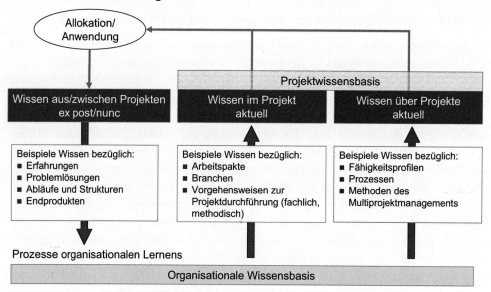

Quelle: In Anlehnung an Schindler (2002).

Projektwissensmanagement ist Wissensmanagement im Projektumfeld und
bildet somit die Verbindung von Wissensmanagement und Projektmanagement. Dazu gehört innerhalb von Projekten existierendes Wissen genauso wie

zwischen Projekten ausgetauschtes Wissen und Wissen über bestehende Projekte (Schindler, 2002. *Wissen über Projekte* ist das Wissen über die innerhalb der Organisation durchgeführten Projekte, laufende wie abgeschlossene. *Aus und zwischen Projekten weitergegebenes Wissen* beinhaltet Expertenwissen, methodisches, Prozess- sowie Erfahrungswissen und trägt zur Vergrößerung des organisationalen Wissensbasis bei. Abbildung 2 stellt die unterschiedlichen Wissensarten und Flüsse schematisch dar.

Abbildung 3:   Elemente des Wissens im Projekt

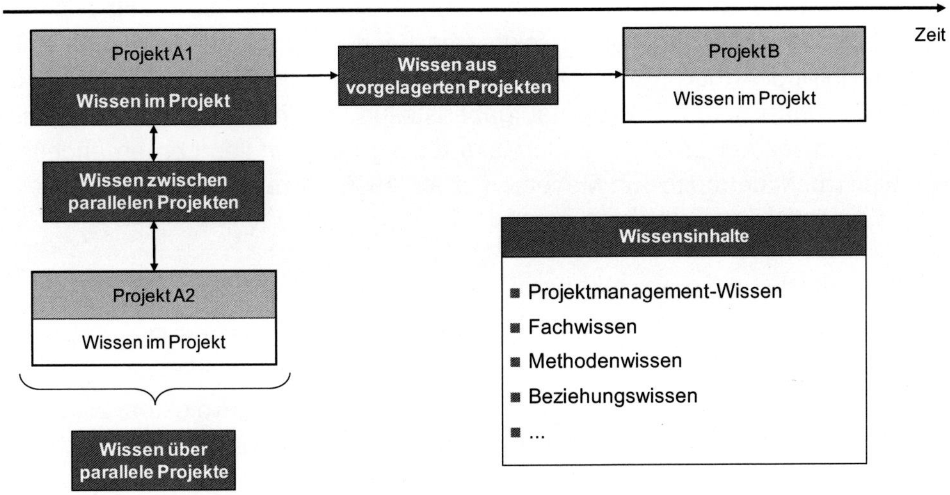

Quelle: Eigene Darstellung.

Abbildung 3 zeigt einige Beispiele für Wissenselemente in den unterschiedlichen Kategorien des Projektwissens. Wissen innerhalb, über und aus Projekten kann unterschiedliche Wissensarten darstellen, beispielsweise explizites und implizites Wissen, Spezialwissen, Prozesswissen, Beziehungswissen und Methodenwissen.

Die für die Projektarbeit relevanten Typen von Wissen unterscheiden sich in Abhängigkeit von der jeweiligen Phase des Projektlebenszyklus. Erfahrungen aus Vorprojekten, Informationen über mögliche Lieferanten sowie Technologie- und Marktwissen sind Beispiele für Wissenselemente, die in der Akquisitionsphase von Bedeutung sind. Während der Projektdurchführung rückt Wissen über bereits existierende technische Lösungen, Erfahrungen im Projektmanagement und die Anwendung von Werkzeugen in den Vordergrund.

1.3   Probleme und Besonderheiten des Projektwissensmanagements

Die Besonderheiten des Wissensmanagements im Projektkontext sind durch die inhärenten Projekteigenschaften bedingt, von denen die wichtigsten im Folgenden skizziert werden.

Zeitliche Begrenztheit und Einzigartigkeit von Projekten

Eine der größten Herausforderungen von Wissensmanagement in Projektumgebungen ist die zeitliche Begrenztheit von Projekten und die damit zusammenhängende Auflösung der Projektteams nach Projektende (Prencipe/Tell, 2001; DeFilllippi/Arthur, 1998). Diese temporäre Ausrichtung und der Charakter der Einzigartigkeit der Projektaufgabenstellung werden von Brusoni et al. (1998) als eines der größten Hindernisse für organisationales Lernen angesehen, ein Aspekt der auch von Meyerson et al. (1996) akzentuiert wird.

Diskontinuierliche Personalkonstellation und Arbeitsinhalte

Entsprechend der Projektorganisation kehren die Mitglieder von Projektteams nach Projektabschluss wieder in ihre ursprünglichen Linienfunktionen zurück, nehmen neue Linienfunktionen wahr oder werden neuen Projekten zugeteilt (Prencipe/Tell, 2001). Ähnlich wie die Personalkonstellation zerstreut sich zu Projektende auch das im Projekt generierte Wissen. Abhängig von der Ähnlichkeit der Aufgabenstellung in der neuen Projekt- oder Linienfunktion können die ehemaligen Mitglieder eines Projektteams dieses Wissen unter Umständen noch einmal anwenden. In den meisten Fällen geschieht dies jedoch eher zufällig als gesteuert (auf Basis der bereits erworbenen Kompetenz). Das Projektwissen in seiner Gänze, d.h. die Summe des individuellen Wissens, das die Projektmitarbeiter aufgebaut haben (inklusive eventueller Synergieeffekte), ist nicht rekonstruierbar und somit für die Organisation verloren. In der Praxis führen die neuen Aufgaben- und Wissensgebiete, mit denen sich die ehemaligen Projektmitarbeiter auseinandersetzen, oft dazu, dass das im Projekt erworbene Wissen in Vergessenheit gerät. Fehlende Prozesse hinsichtlich Kompetenzmanagement oder wissensorientierter Projektbesetzung haben zur Folge, dass sich keine Routinen oder nachhaltigen Erfahrungen etablieren.

Fehlende organisationale Mechanismen des Wissensmanagements

Die Tatsache, dass sich Projektteams und das im Projekt generierte Wissen nach Abschluss des Projekts meist zerstreuen, hängt auch damit zusammen, dass in der Praxis meist keine Mechanismen existieren, die das Projektwissen für die Organisation zugänglich machen. Erschwerend kommt hinzu, dass die Funktionsbereiche in Unternehmen oft „Wissens-Silos" darstellen, zwischen denen wenig oder kein Wissen ausgetauscht wird (Prencipe/Tell, 2001; Love et al., 2005).

Zielkonflikte zwischen Projekt- und Wissensmanagement

In Folge des temporären Charakters von Projekten basiert Projektmanagement meist auf vergleichsweise kurzfristigen Erwägungen. Wissensmanagementaktivitäten folgen dagegen einer langfristig und nachhaltig orientierten Sichtweise, nicht zuletzt aufgrund der nötigen Investitionen personeller, zeitlicher und monetärer Ressourcen (Humpl, 2004). Der Ausgleich dieser widersprüchlichen Ziele, die beispielsweise durch Integration von Wissenszielen in das Projektvorhaben (z.B. als Unterziele zu den Projektmeilensteinen) und die klare Definition von Verantwortlichkeiten und Prozessen für das Wissensmanagement erreicht werden können, ist eine der Herausforderungen des Projektmanagements.

Zusammengefasst sind es im Wesentlichen folgende Faktoren, die das Wissensmanagement im Projektkontext erschweren (Love et al., 2005; Prencipe/Tell, 2001; DeFillippi/Arthur, 1998; Gann/Salter, 2000; Keegan/Turner, 2002):

- Projekte sind zeitlich begrenzt und abgeschlossen.

- Projekte haben per Definition Einmaligkeitscharakter.

- Projekte sind mit einer ständigen Veränderung der Personalkonstellationen verbunden.

- Projekte sind durch diskontinuierliche Arbeitsinhalte geprägt.

- Projektarbeit ist meist kurzfristig orientiert, Nachhaltigkeit rückt oft in den Hintergrund.

- Projektmitarbeiter sind oft mit einer großen Spannbreite bezüglich Aufgaben und den Rahmenbedingungen bei deren Durchführung konfrontiert.

- Projekte sind eine Plattform für die Integration von internem und externem Expertenwissen.

- Projekten fehlen die in permanenten Organisationen üblichen Mechanismen des Wissensmanagements, z.B. Routinen und ein organisationales Gedächtnis.

Die skizzierten Probleme und Besonderheiten des Wissensmanagements in temporären Organisationen legen es nahe, sich in der Praxis und Forschung ausführlicher mit dem Projektwissensmanagement auseinanderzusetzen. Unternehmen müssen lernen, mit dem in Projekten erarbeitetem und akkumuliertem Wissen effektiv und effizient umzugehen, da davon auszugehen ist, dass die Nutzung von Wissen, das aus Erfolgen oder Fehlschlägen bei der Projektarbeit gewonnen wurde, einen wesentlicher Erfolgsfaktor für die Nachhaltigkeit und Wettbewerbsfähigkeit darstellt. Das Management sowohl von explizitem als auch implizitem Wissen ist eine notwendige Voraussetzung für den Projekterfolg im dynamischen und sich verändernden Umwelten. Dafür muss bekannt sein, wie zu erwerbendes Wissen identifiziert wird, wo Wissen gespeichert wird und wie die erfolgreiche Übertragung von Wissen auf Folge- oder parallele Projekte sichergestellt werden (Love et al., 2005; Davenport et al., 1998; Fernie et al., 2003).

Insgesamt wird dem Wissensmanagement von vielen Autoren ein erhebliches, bislang weitgehend ungenütztes Potenzial zugeschrieben:

- "The management of knowledge in project-based organizations is becoming prerequisite to sustain a competitive advantage" (Love et al., 2005, S. XV).

- "Firms that can successfully share knowledge across individuals and projects may find that ideas and experiences in one project can frequently solve the problems of another" (Boh, 2007, S. 2)

- "Without the reuse of existing knowledge or the ability to create new knowledge from existing solutions and experiences, project organizations have to create solutions to every problem, which is clearly inefficient" (Love et al., 2005, S. XV).

- PKM gives answers to the question "How to prevent the reinvention of the wheel?" (Ruuska/Vertiainen, 2005, S. 374).

- "Learning from previous projects can help prevent similar mistakes" (Ayas, 1997, S. 898).

- "The systematic retention of project experiences enables a company to compare its various projects more systematically and document its most effective problem solving mechanisms. In addition, the systematic documentation of mishaps, mistakes or potential pitfalls helps reduce project risks" (Schindler/Eppler, 2003, S. 219).

- "Since projects characteristically involve the development of new products and new processes, there are obvious opportunities for novel ideas to emerge and for cross-functional learning to occur, thereby enhancing the organization's innovative capacity and potential" (Bresnen et al., 2003, S. 158).

Hall und Sapsed verweisen auf die Besonderheiten des Wissensmanagement in projektbasierten Organisationen ab und identifizieren in diesem Bereich eine Forschungslücke: „yet, in spite of recent advances in our understanding of how to manage knowledge (…), its capture and transfer remain acute problems for project-based firms and organizations" (Hall/Sapsed, 2005, S. 57).

1.4 Stand der Forschung und weiterer Forschungsbedarf

Die in der jüngeren Vergangenheit beobachtbare Zunahme von Veröffentlichungen zum Projektwissensmanagement ist Ausdruck für die steigende Bedeutung in Wissenschaft und Praxis. Einige Aspekte des Wissensmanagements und des Lernens in Projekten sowie des wissensorientierten Projektmanagements wurden bereits in unterschiedlichen Branchen und Projektkontexten untersucht. Dabei sind es insbesondere konzeptionelle Arbeiten und fallstudienbasierte empirische Untersuchungen, die den aktuellen Forschungsstand darstellen. Letztere beziehen sich meistens auf einen Projekttyp und/oder eine Branche. Dabei werden Einblicke in die Ausgestaltung des Projektwissensmanagements in einzelnen Unternehmen und Branchen geliefert. Auf Basis dieser Einzelfallbetrachtungen können jedoch weder generalisierbare Aussagen getroffen, noch Ursache-Wirkungs-Zusammenhänge zwischen der Ausgestaltung des Projektwissensmanagements, dem Erfolg desselben sowie der Auswirkung auf den gesamten Projekterfolg getroffen werden. Eine differenzierte Betrachtung der Organisation des Projektwissensmanagements, der eingesetzten Instrumente und Systeme sowie der tatsächlichen Nutzung und Anwenderzufriedenheit liegt bislang nicht vor. Dies gilt insbesondere für eine branchen- und projektübergreifende Betrachtung. Die Frage nach Best Practices, z.B. Lösungen in Branchen, die als Vorbild für andere gelten können, kann auf Basis der existierenden Erkenntnisse nicht beantwortet werden. Im Folgenden wird kurz auf wesentliche Arbeiten und Veröffentlichung zu Projektwissensmanagement eingegangen und darauf basierend der bestehende Forschungsbedarf abgeleitet.

Gulliver berichtet bereits 1987 von den Aktivitäten zur Sicherung und Nutzung von Wissen bei BP und bringt damit die Verknüpfung von Wissens- und Projektwissensmanagement in die wissenschaftliche Diskussion ein. Das Thema Projektwissensmanagement ist jedoch erst einige Zeit später intensiv von der Wissenschaft aufgegriffen worden. Der überwiegende Teil der Arbeiten basiert

entsprechend dem frühen Stadium der Forschung auf qualitativen und explo-
rierenden Ansätzen. Dabei wurde das Themenfeld Projektwissensmanagement vor dem Hintergrund der Erkenntnisse aus dem Projektmanagement und
dem Wissensmanagement untersucht und beide Konzepte miteinander ver-
knüpft. Einen deutlichen Fortschritt erzielte Schindler, der die beiden Konzepte
systematisch verbindet und auf der Basis von Fallstudien in verschiedenen
Branchen Determinanten des Projektwissensmanagements ableitet (Schindler,
2002). Dabei identifiziert er Erfolgsfaktoren in fünf Gestaltungsfeldern: Kultur,
Organisation, Lernen, Projektmanagementmethodik und Informations- und
Kommunikationstechnologie.

Eine Reihe von Autoren beschäftigt sich mit Wissens- und Lernprozessen in
und zwischen Projekten. Prencipe/Tell (2001) systematisieren Mechanismen
des Wissensmanagements bzw. des Lernens zwischen Projekten. Sie entwickeln verschiedene Lernlandschaften, die eine Kombination aus Wissensprozessen auf der individuellen, gruppenbezogenen und organisatorischen Ebene
beschreiben. Disterer (2002) konzipiert Herangehensweisen zur Erschließung
von Projektwissen und beschreibt Wege des Transfers dieses Projektwissens
in Projektlandschaften. Er geht auf den direkten Transfer zwischen Projekten
und den indirekten Transfer von Projekten über die Linie in andere Projekte
ein. Eine Reihe weiterer Autoren beschäftigen sich ebenfalls mit Vorgehensweisen und Erfolgsfaktoren der Nutzung von Projektwissen (Schindler/Eppler,
2003; Cavaleri/Fearon, 2000; Koners/Goffin, 2005) unterscheiden prozessba-
sierte und dokumentenbasierte Verfahren zur Erschließung von Projekterfah-
rungen und heben die Bedeutung einer engen Verzahnung dieser Verfahren
mit der Projektmanagementmethodik hervor. Koners/Goffin (2005) analysieren
und beschreiben verschiedene Post-Project Review Prozesse in vier High-
Tech Unternehmen mit einer hohen Forschungsintensität. Dietrich (2006)
untersucht Mechanismen der Integration von Wissen zwischen Projekten.
Dazu entwickelt er eine Systematik, die Integrationsmechanismen über die
Dimensionen Formalisierung (formal/informell) und die Bezugsebene (Gruppe,
Person zu Person) unterscheidet und exemplifiziert verschiedene Transfermechanismen. Boh (2007) unterscheidet in ähnlicher Weise zwischen Mechanismen zum Teilen von Wissen in Projektlandschaften nach den vier Dimensionen Individualisierung, Institutionalisierung, Personalisierung und Kodierung.
Er stellt fest, dass sich diese Mechanismen entsprechend der Natur des Problems und dem Grad der Verteilung des Projektteams unterscheiden. So eignen
sich beispielsweise für Probleme mit Einmaligkeitscharakter und bei kleinen,
wenig verteilten Projektteams individualisierte und personalisierte Wissens-
transfermechanismen am besten. Snider/Nissen (2003) widmen sich der Frage, wie Wissensflüsse in Projekten beschrieben werde können. Als Ergebnis
spannen sie einen dreidimensionalen Raum auf, in dem solche Wissensflüsse
verlaufen. Die Dimensionen beschreiben den Grad der Explizitheit bzw. Impli-

zitheit von Wissen, die organisationale Bezugsebene sowie den Wissenslebenszyklus. Damit liefern sie eine Darstellungsform von komplexen Wissensprozessen in Projektunternehmen. Sense (2007, 2003) bezieht das Konzept des organisationalen Lernens auf Projektsituationen und entwickelt eine Lernarchitektur für Projekte, die insbesondere Aspekte des situativen Lernens berücksichtigt. Auch andere Autoren beschäftigen sich mit Aspekten des Lernens in Projekten und in Projektlandschaften (Sense/Antoni, 2003; Ayas/Zeniuk, 2001; DeFillippi, 2001; Kotnour, 2000).

Auf die besondere Rolle sozialer und kultureller Aspekte beim Projektwissensmanagement gehen verschiedene Autoren ein (Bresnen et al., 2003; Newell, 2004; Newell et al., 2004; Brookes et al., 2006; Ruuska/Vertiainen, 2005; Akgün et al., 2005). Mit Fallstudien in einer Reihe von unterschiedlichen Branchen zeigen Bresnen et al. (2003), dass kulturelle bzw. soziale Faktoren einen wesentlichen Einfluss auf die Praxis des Wissensaustauschs in und zwischen Projekten haben. Der Einfluss sozialer Beziehungen beim Austausch von Wissen wird auch von Newell et al. (2004) untersucht. Sie beschreiben die Rolle des sozialen Kapitals beim Transfer von Wissen zwischen Projekten am Beispiel von ERP-Einführungsprojekten. Sie stellen fest, dass der Transfer von Wissen in Projekte von dem Maß der inneren Verbundenheit des Projektteams und vom Grad der persönlichen Beziehungen der einzelnen Projektmitglieder mit projektexternen Akteuren abhängt. Brookes et al. (2006) beschreiben und quantifizieren basierend auf dieser Idee das „project social capital" als Bestimmungsgröße für den Zugang zu Wissen in Projekten.

Während die Bedeutung kultureller und sozialer Faktoren von allen Studien bestätigt wird, besteht eine kontroverse Diskussion über die Rolle von IT beim Projektwissensmanagement. Newell (2004) stellt fest, dass Informations- und Kommunikationstechnologien beim Lernen in und zwischen Projekten neben sozialen Aspekten eine untergeordnete Rolle spielen. Karlsen/Gottschalk (2004) finden in einer großzahligen Studie von IT Projekten heraus, dass IT gegenüber Kultur und Struktur als Enabler des Wissensmanagements keinen signifikanten Einfluss auf den Projekterfolg hat. Auch Adenfeld/Lagerström (2006) untersuchen die Rolle von IT beim Wissensmanagement in internationalen Projekten und stellen keinen wesentlichen Einfluss von IT auf das Projektwissensmanagement fest. Schindler (2002) hingegen identifiziert IT als eine wesentliche Säule des Projektwissensmanagements. Eine Reihe von Autoren nennen IT als notwendige Unterstützung zur Umsetzung von Wissensprozessen (Schindler/Eppler, 2003; Blessing et al., 2001; Alavi/Tiwana, 2002; Prencipe/Tell, 2001). Raymond/Bergeron (2008) zeigen auf der Basis einer großzahligen Studie, dass ein positiver Zusammenhang zwischen der Qualität von Projektinformationssystemen, die eine Teilaufgabe des Projektwissensmanagements übernehmen, und dem Projekterfolg besteht.

Während die bisher genannten Studien sich weitgehend einzelne Dimensionen des Projektwissensmanagements herausgreifen, wie beispielsweise die Rolle der IT, die Rolle von sozialen Netzwerken oder die Charakterisierung von Wissensprozessen, lässt sich eine andere Gruppe von Studien identifizieren, die Projektwissensmanagement umfassender aber nur in einem bestimmten Projektkontext analysieren. So untersuchen Steiger (2000), Blessing et al. (2001), sowie Peterson (2001) Wissensmanagement in Unternehmensberatungen. Ilgen (2001) beschäftigt sich mit Wissensmanagement im Großanlagenbau. Die Rolle und Gestaltung von Wissensmanagement in IT Projekten wird von Ibert (2004), Jewels/Ford (2006), Karlsen/Gottschalk (2006), Henry et al. (2007), Hong et al. (2007) und Reich (2007) betrachtet. Carrillo et al. (2004) sowie Cüppers (2006) thematisieren Projektwissensmanagement bei Bauprojekten und Decker (2002), Fong (2003) und Akgün (2005) bei Produktentwicklungsprojekten. Eine Reihe von Studien untersuchen die Besonderheiten des Wissensmanagements in verteilten Projektteams (Alavi/Tiwana, 2002; Brettreich-Teichmann, 2003; Desouza/Evaristo, 2004; Sapsed et al., 2005; Corso et al. 2006), andere greifen transnationale Projekte (Adenfeld/Lagerström, 2006) oder virtuelle Projekte (Alavi/Tiwana, 2002) auf. Nur verhältnismäßig wenige Studien verfolgen einen branchenübergreifenden Ansatz (Schindler, 2002; Bresnen et al., 2003; Bresnen et al. 2005; Newell, 2004; Boh, 2007; Corso et al. 2006, Renzl, 2008). Es liegt jedoch bislang keine Studie vor, die alle wesentlichen projektorientierten Branchen einschließt.

Während der überwiegende Anteil von Studien mit kleinen Fallzahlen arbeitet oder sich auf spezifische Fälle bezieht gibt es wenige Studien, die die Zusammenhänge der Gestaltungsfaktoren und dem Ergebnis des Projektwissensmanagements kausalanalytisch betrachten. Als Beispiel ist die Untersuchung von Karlsen/Gottschalk (2004) zu nennen. Sie betrachten den Einfluss von Kultur, Struktur und IT-Systemen auf den Projekterfolg von IT-Projekten und stellen fest, dass die Kultur den stärksten Einfluss hat, während kein Einfluss von IT-Systemen nachgewiesen werden konnte. Mitchell. zeigt anhand einer großzahligen Längsschnittanalyse, dass die Fähigkeit Wissen in Projekte zu integrieren ("integration capability") positiv mit der Zielerreichung von Projekten zusammenhängt. Haas (2006) zeigt am Beispiel öffentlicher Projekte, dass die Verfügbarkeit von Wissen einen positiven Einfluss auf die Qualität der Projektarbeit hat. Tabelle 1 gibt eine Übersicht zu Forschungsbeiträgen auf dem Gebiet des Projektwissensmanagements.

Tabelle 1:   Publikationen im Bereich Projektwissensmanagement

Autor(en)	Jahr	Zeitschrift / Herausgeberband / Monographie	Titel
Gulliver, F.R.	1987	Harvard Business Review	Post-project appraisals pay
Ayas, K.	1996	International Journal of Project Management	Professional project management: a shift toward learning and knowledge creating structure
Collier, B./ DeMarco, T./ Fearey, P.	1996	IEEE Software	A defined process for project post-mortem review
Steiger, C.	2000	Dissertation	Wissensmanagement in Beratungsprojekten auf Basis innovative Informations- und Kommunikationstechnologien: Das System K3
Ayas, K./ Zeniuk, N.	2001	Management Learning	Project-based learning: building communities of reflective practitioners
Blessing, D./ Riempp, G./ Österle, H.	2001	Wirtschaftsinformatik	Entwicklungsstand und –perspektiven des Managements dokumentierten Wissens bei großen Beratungsunternehmen
DeFillippi, R.	2001	Management Learning	Project-based learning, reflexive practices and learning outcomes
Ilgen, A.	2001	Dissertation	Wissensmanagement im Großanlagenbau – Ganzheitlicher Ansatz und empirische Prüfung
Keegan, A./ Turner, J.R.	2001	Management Learning	Quantity versus quality in project-based learning practices
Klosa, O.	2001	Dissertation	Wissensmanagementsysteme in Unternehmen – State-of-the-Art des Einsatzes
Peterson, M.	2001	Dissertation	Wissensmanagement in der strategischen Unternehmensberatung – Erfolgsfaktoren, Methoden und Konzepte
Prencipe, A./ Tell, F.	2001	Research Policy	Inter-project learning: process and outcomes of knowledge codification in project-based firms
Schindler, M.	2002	Dissertation	Wissensmanagement in der Projektabwicklung. Grundlagen, Determinanten und Gestaltungskonzepte eines ganzheitlichen Projektwissensmanagements

Autor(en)	Jahr	Zeitschrift / Herausgeberband / Monographie	Titel
Alavi, M./ Tiwana, A.	2002	Journal of the American Society for Science and Technology	Knowledge integration in virtual teams – the potential role of KMS
Damm, D./ Schindler, M.	2002	International Journal of Project Management	Security issues of a knowledge medium for distributed project work
Deckert, C.	2002	Dissertation	Wissensorientiertes Projektmanagement in der Produktentwicklung
Disterer, G.	2002	Journal of Knowledge Management	Management of project knowledge and experience
Brettreich-Teichmann, W.	2003	Dissertation	Wissensmanagement in verteilten Organisationen – Infrastruktur für flexible Arbeitsarrangements
Bresnen, M./ Edelman, L./ Newell, S./ Scarbrough, H./ Jacky, S.	2003	International Journal of Project Management	Social practices and the management of knowledge in project environments
Fong, P.	2003	International Journal of Project Management	Knowledge creation in multidisciplinary project teams: an empirical study of the processes and their dynamic interrelationships
Huang, J./ Newell, S.	2003	IMPM	Knowledge integration processes and dynamics within the context of cross-functional projects
Karlsen, J.T./ Gottschalk, P.	2003	Journal of Computer Information Systems	An empirical evaluation of knowledge transfer mechanisms for IT projects
Kasvi, J.J./ Vartiainen, M./ Hailikari, M.	2003	International Journal of Project Management	Managing knowledge and knowledge competence in projects and project organizations
Koskinen, K.U./ Philanto, P./ Vanharanta, H.	2003	International Journal of Project Management	Tacit knowledge acquisition and sharing in a project work context
Liebowitz, J./ Megbolugbe, I.	2003	International Journal of Project Management	A set of frameworks to aid the project manager in conceptualizing and implementing knowledge management initiatives
Schindler, M./Eppler, M.J.	2003	International Journal of Project Management	Harvesting project knowledge: a review of project learning methods and success factors
Sense, A.	2003	International Journal of Project Management	A model of the politics of project leader learning

Autor(en)	Jahr	Zeitschrift / Herausgeberband / Monographie	Titel
Tesch, D./ Kloppenburg, T./ Stemmer, J.K.	2003	Project Management Journal	Project management learning: what the literature has to say
Carrillo, P./ Robinson, H./ Al-Ghassani, A./ Anumba, C.	2004	Project Management Journal	Knowledge management in UK construction: strategies, resources and barriers
Desouza, K.C./ Evaristo, J.R.	2004	Communication of the ACM	Managing knowledge in distributed projects
Humpl, B.	2004	Dissertation	Transfer von Erfahrungen: ein Beitrag zur Leistungssteigerung in projektorientierten Organisationen
Karlsen, J,T./ Gottschalk, P.	2004	Engineering Management Journal	Factors affecting knowledge transfer in IT projects
Koskinen, K.U.	2004	Project Management Journal	Knowledge management to improve project communication and implementation
Akgün, A.E./ Byrne, J./ Keskin, H./ Lynn, G.S./ Imomoglu, S.Z.	2005	Information & Management	Knowledge networks in new product development projects: A transactive memory perspective
Bresnen, M./ Goussevskaia, A./ Swan, J.	2005	Project Management Journal	Organizational routines, situated learning and processes of change in project-based organizations
Hunger, M.	2005	Dissertation	Erfahrungssicherung in IT-Projekten
Koners, U./ Goffin, K.	2005	Journal of Product Innovation Management	Learning from new product development projects: an exploratory study
Love, P./ Fong, P./ Irani, Z. (Hrsg.)	2005	Herausgeberband	Management of Knowledge in Project Environments
Ruuska, I./ Vertiainen, M.	2005	International Journal of Project Management	Characteristics of knowledge sharing communities in project organizations
Adenfelt, M./ Lagerström K.	2006	International Journal of Project Management	Enabling knowledge creation and sharing in transnational projects
Brookes, N.J./ Morton, S.C./ Dainty A.R./ Burns N.D.	2006	International Journal of Project Management	Social processes, patterns and practices and project knowledge management: a theoretical framework and an empirical investigation
Corso, M./ Martini, A./ Pellegrini, L./	2006	Technovation	Managing dispersed workers: the new challenge in knowledge management

Autor(en)	Jahr	Zeitschrift / Herausgeberband / Monographie	Titel
Massa, S./ Testa, S.			
Cüppers, A.	2006	Dissertation	Wissensmanagement in einem Baukonzern – Anwendungsbeispiel bei Bauprojekten
Desouza, K.C./ Evaristo J.R.	2006	International Journal of Project Management	Project management office: A case of knowledge-based archetypes
Grillitsch, W./ Müller-Stiegl, A./ Neumann, R.	2006	In: Kazi, A. S./Wolf, P. (Hrsg.)	Enabling cross-project knowledge creation through knowledge oriented project supervision"
Haas, M.	2006	Management Science	Knowledge gathering, team capability, and project performance in challenging work environments
Kotnour, T.	2006	International Journal of Quality & Reliability Management	Organizational learning practices in the project management environment
Söderquist, K.E.	2006	Long Range Planning	Organising knowledge management and dissemination in new product development
Boh, W.F.	2007	Information and Organization	Mechanism for sharing knowledge in project-based organizations
Hong, H.-K./ Kim, J.-S./ Kim, T./ Leem, B.-H.	2007	Industrial Management & Data Systems	The effect of knowledge on systems integration project performance
Reich, B.H.	2007	Project Management Journal	Managing knowledge and learning in IT Projects: a conceptual framework and guidelines for practice
Sense, A.	2007	International Journal of Project Management	Learning within project practice: cognitive styles exposed
Raymond, L./ Bergeron, F.	2008	International Journal of Project Management	Project management information systems – an empirical study of their impact on project managers and project success

Die Durchsicht der vorliegenden Studien zum Projektwissensmanagement zeigt, das diese wesentlich durch qualitative Forschungsansätze geprägt sind. Die Forschung befindet in einem explorativen, strukturfindendem Stadium, an das es anzuknüpfen gilt. Bislang verfolgen nur wenige Arbeiten zum Projektwissensmanagement einen Ansatz, der gleichzeitig unterschiedliche Faktoren zur Gestaltung des Projektwissensmanagements berücksichtigt (Schindler, 2002; Adenfeld/Lagerström, 2006; Karlsen/Gottschalk, 2004). Zudem liegen noch kaum Erkenntnisse darüber vor, wie sich Projektwissensmanagement in verschiedenen Projektkontexten unterscheidet. Auf der Basis ihrer fallstudienbasierten Forschung stellen Bresnen et al. (2003) die Schlussfolgerung auf, dass zwischen verschiedenen Branchen „beachtliche Ähnlichkeiten bei Barrieren und Enabler für das Management von projekt-basierten Lernen bestehen" (S. 165). Diese Hypothese gilt es zu prüfen. Insgesamt basieren die Forschungserkenntnisse auf überwiegend kleinen Stichproben, so dass eine Generalisierung schwierig ist. Daher wird in der Literatur gefordert, Fragestellungen des Projektwissensmanagements verstärkt im Rahmen repräsentativer Stichproben zu erheben (Hall/Sapsed, 2005; Kotnour, 2000; Prencipe/Tell, 2001).

Zusammenfassend existieren folgende Forschungslücken:

- Eine systematische Untersuchung des Status quo der Projektwissensmanagement-Forschung über einen Branchenquerschnitt und unterschiedliche Projekttypen existiert nicht.

- Ein umfassendes Verständnis und empirische Zusammenhänge über Einflussfaktoren sowie Ursache-Wirkungsbeziehungen zwischen den verschiedenen Gestaltungsfeldern (Prozesse, Organisation, Infrastruktur und Kultur) fehlen.

- Nur wenige konkrete und differenzierte Lösungen für die effektive und effiziente Umsetzung und Nutzung von Projektwissensmanagement existieren.

1.5 Ziel der Studie

Aus den im vorherigen Abschnitt identifizierten Forschungslücken ergaben sich Gründe für die Durchführung der in diesem Band präsentierten Studie (Abbildung 4).

Abbildung 4:   Gründe für die Studiendurchführung

1. Das Thema PWM ist aktuell im Fokus der PM Forschung und im Gespräch der PM Praxis
2. Wesentliche Arbeiten stammen aus dem englischen Sprachraum
3. Die überwiegende Zahl der Beiträge basiert auf Fallstudien zu speziellen PWM-Situationen
4. Die meisten Beiträge fokussieren auf eine Projektart bzw. Branche
5. Bis auf wenige Ausnahmen sind qualitative, struktur-findende Forschungsansätze gewählt worden

- Wenige Ansätze theoretischer und empirischer Forschung zum Thema PWM: Eine branchen- bzw. projektartenübergreifende Untersuchung des PWM ist bislang nicht erfolgt
- Betrachtung einzelner Fälle: Eine repräsentative großzahlige Studie zum Status quo des PWM und zum Nachweis von Wirkungs- und Erfolgszusammenhängen ist bislang nicht verfügbar
- Verbesserungspotentiale realisieren: Es bestehen wenige differenzierte Lösungsansätze für die effektive und effiziente Umsetzung eines PWM in der Unternehmens-Praxis

Quelle: Eigene Darstellung.

Daraus wurden drei Hauptziele abgeleitet:

- Die Bestandsaufnahme des Status quo des Projektwissensmanagement für Anwendung und Umsetzung in verschiedenen Branchen und Projektarten

- Die Identifikation von Erfolgsfaktoren für das Projektwissensmanagement, d.h. Ermittlung von Kausalitäten zwischen Projektwissensmanagement-Aktivitäten und –Erfolg sowie Identifikation von möglichen Typologien und Mustern des Projektwissensmanagements.

- Die Ableitung von Gestaltungsempfehlungen für das Projektwissensmanagement. Identifikation von Best Practices in den Bereichen Organisation, Prozesse, Infrastruktur und Kultur; Aufdeckung von Verbesserungspotenzialen und Ermittlung weiteren Forschungsbedarfs.

Konkret sollen dadurch die folgenden Forschungsfragen beantwortet werden:

- Wie ist das Projektwissensmanagement in einem Querschnitt von Unternehmen in unterschiedlichen Branchen und der Durchführung unterschiedlicher Projektarten gestaltet?

- Welche Punkte sind Erfolgsfaktoren bzw. Barrieren für Projektwissensmanagement in der Praxis?

- Welche Optionen hat das Management für die Implementierung und Nutzung von Projektwissensmanagement?

- Wie sind Kausalzusammenhänge zwischen Projektwissensmanagement-Aktivitäten und Multiprojekt-Erfolg gestaltet?

- Existieren Best Practices und können situative Handlungsempfehlungen abgeleitet werden?

Aus den Zielen der Studie ergibt sich als besondere Anforderung für das Forschungsdesign, sowohl grundlegende Erkenntnisse über die Ausgestaltung und die Erfolgsfaktoren des Projektwissensmanagements zu gewinnen als auch gleichzeitig, die Ergebnisse für die Verbesserung von Projektwissensmanagementkonzepten in der Unternehmenspraxis nutzen zu können.

1.6   Ablauf und Methodik

Der im Jahr 2007 durchgeführten empirischen Studie ging eine ausführliche Literaturrecherche in den Disziplinen Projektmanagement und Wissensmanagement voraus. Daran schloss sich eine explorative Vorstudie mit Experteninterviews an. Die empirische Grundlage für die statistische Analyse bildet eine standardisierte Befragung unter den Mitgliedern der Deutschen Gesellschaft für Projektmanagement (GPM), die einen Rücklauf von 496 Fragebögen erzielte. Die generelle Vorgehensweise ist in Abbildung 5 zusammengefasst dargestellt und wird in den folgenden Abschnitten erläutert.

Abbildung 5:   Vierphasige Vorgehensweise der Studie Projektwissensmanagement

| Desk-Research (Literaturanalyse, Modellentwicklung) | Explorative Vorstudie (Qualitativer Ansatz) | Großzahlige Befragung (Quantitativer Ansatz) | Auswertung und Ableitung Gestaltungsempfehlungen |

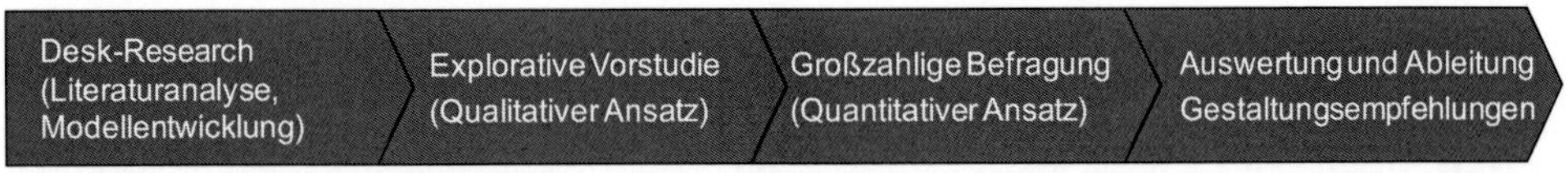

Quelle: Eigene Darstellung.

1.6.1 Desk Research

Die Literaturrecherche diente dazu, den aktuellen Stand der Wissenschaft aufzuarbeiten. Dabei wurden die Bereiche Projektwissensmanagement, Wissensmanagement und Projektmanagement berücksichtigt. Bei den untersuchten Quellen handelte es sich überwiegend um wissenschaftliche Publikationen aus dem anglophonen Sprachraum, da Beiträge in deutscher Sprache nur vereinzelt zu finden sind. Die Auswertung der vorhandenen Literatur diente der Formulierung und Schärfung der Forschungsfragen und der Entwicklung eines Forschungsmodells. Als diesem wurden Hypothesen abgeleitet und die zugehörigen Konstrukte operationalisiert.

1.6.2 Explorative Vorstudie

Im explorativen Teil der Studie wurden teilstandardisierte Interviews mit 27 Experten aus den Bereichen Projekt- und/oder Wissensmanagement großer und mittelständischer Unternehmen geführt und qualitativ ausgewertet.

Tabelle 2: Branchen- und Größenverteilung der Teilnehmer der Experteninterviews

Branche	Anzahl Experten/ Unternehmen	Unternehmensgröße (Zahl der Mitarbeiter)			
		< 500	500-1000	1001-5000	> 5000
Anlagenbau	3		1	1	1
Automobil	3				3
Bau	1				1
Beratung	5	2	2	1	
Chemie	1				1
IT	2		1	1	
Luftfahrt	2			1	1
Maschinenbau	2			1	1
Pharma	3			1	2
Software	3			1	2
Transport/Logistik	1				1
Versicherung	1				1
Total	**27**	**2**	**4**	**7**	**14**

Um eine Branchenverzerrung zu vermeiden, wurden gezielt Unternehmen aus unterschiedlichen Branchen ausgewählt. Die Zusammensetzung nach Branche und Größe ist in Tabelle 2 dargestellt.

In der Interviewphase standen neben der Validierung der theoretisch hergeleiteten Teilfragen aus Praxissicht ein Überblick bereits bestehender Praktiken im Projektwissensmanagement, der Einsatz bereits erfolgreicher Methoden, Prozesse und Werkzeugen sowie die Identifikation bestehender Erfolgsmuster im Vordergrund.

Die Interviews wurden aufgezeichnet und transkribiert und einer computergestützten Inhaltsanalyse unterzogen, für die das Software-Paket ATLAS.ti (Krippendorff, 2004) eingesetzt wurde. Der Kategorisierungs- und Kodierungsprozess erfolgte mehrstufig. Entsprechende Passagen der Transkripte wurden zur systematischen Untersuchung in empirisch ermittelte Kategorien eingeteilt. Diese Kodierung umfasste unterschiedliche Aspekte wie beispielsweise den Einsatz von Wissensmanagementwerkzeugen und Projektmanagementmethoden sowie Nutzerverhalten, Nutzerzufriedenheit, Erfolgsfaktoren und Projekterfolg. Zunächst wurden im Text alle Passagen und Äußerungen gekennzeichnet, die im weitesten Sinne das jeweilige Themengebiet, z.B. „Eingesetzte Werkzeuge" mit allen möglichen Ausprägungen zum Inhalt haben. Anschließend wurden die Einzeläußerungen miteinander verglichen und aus ähnlich gerichteten Dimensionen Kodieranweisungen für die einzelnen Kategorien entwickelt. Die Kodiereinheit wurde dabei inhaltlich-semantisch und nicht formal-syntaktisch definiert. Die für die Kategorien relevanten Sachverhalte wurden pro Fall nur einmal kodiert, auch wenn er in verschiedenen Interviewsituationen wiederholt wurde. Beim Kodieren wurden Mehrfachantworten zugelassen, aber es wurde auf eine Gewichtung über quantitative Zählungen von Textstellen, Wörtern, Sätzen etc. verzichtet.

Die Zuordnung der Textpassagen zu Kategorien wurde zur Vermeidung von subjektiven Verzerrungen unabhängig von mehreren Personen durchgeführt. In der überwiegenden Anzahl der Fälle wurden identische Kodierungen vergeben. Bei Abweichungen wurde durch intensive Diskussion eine von allen Beteiligten akzeptierte Zuordnung zu Kodierungen erreicht.

1.6.3 Standardisierte Befragung

Auf Basis der in der ersten Studienphase durchgeführten Literaturrecherche und der Ergebnisse der qualitativen Vorstudie wurde ein Fragebogen für die standardisierte Befragung entwickelt. Als Bezugsebene für die standardisierte Befragung diente diejenige Projektart, die für den Befragten den Schwerpunkt seiner Aufgabenstellung bildete, wobei die Einzel- und Multiprojektebene dieser Projektart betrachtet wurden.

Im Vorfeld der Erhebung wurde ein Pretest durchgeführt und Ergebnisse wie z.B. missverständliche Formulierungen, unzureichende Antwortvorgaben etc. in den Fragebogen eingearbeitet. Für die eigentliche Befragung wurden knapp 8.000 Fragebögen postalisch an die Mitglieder und Freunde der Deutschen Gesellschaft für Projektmanagement e.V. (GPM) verschickt und zusätzlich im Internet im PDF-Format zur Verfügung gestellt. Insgesamt konnte ein Rücklauf von 496 Fragebogen erreicht werden, was einer Rücklaufquote von 6,2% entspricht.

1.6.4 Auswertung

Aufgrund der hohen Fallzahl ließen sich eine Vielzahl an univariaten, bivariaten und multivariaten Auswertungen durchführen, die in Abschnitt 2 (Ergebnisse der empirischen Studie) beschrieben werden. Die Vorgehensweise ist dabei die folgende: Zunächst werden die Rahmenbedingungen, wie z.B. Projektarten, Branchen, Projektgröße, Anzahl gleichzeitiger Projekte im Unternehmen etc., dargestellt, unter denen die Projekte durchgeführt werden (Abschnitt 2.1: Grundgesamtheit und Projektlandschaft), sowie die für die Projekte relevanten Wissensgebiete (Abschnitt 2.2: Wissensgebiete) beleuchtet. In einem weiteren Schritt werden die beiden der Studie zugrunde liegenden zentralen, zu erklärenden Konstrukte (abhängige Variablen) deskriptiv erschlossen (Abschnitt 2.3: Projektwissensmanagement-Erfolg und Abschnitt 2.4: Projekterfolg). Anschließend werden die mit dem Projektwissensmanagement verbundenen Schwerpunkte, Aufgaben und Ziele aufgezeigt (Abschnitt 2.5: Strategien des Projektwissensmanagements), bevor in Abschnitt 2.6 (Einflussfaktoren auf erfolgreiches Projektwissensmanagement) umfassend die Determinanten und Gestaltungsfaktoren des Projektwissensmanagements deskriptiv analysiert werden. Diese Einflussfaktoren sind den vier übergreifenden Gestaltungsfeldern „Prozesse" (Abschnitt 2.6.1), „Kultur" (Abschnitt 2.6.2), „Organisation" (Abschnitt 2.6.3) und „IT und Systeme" (Abschnitt 2.6.4) zugeordnet (vgl. Abbildung 6).

Abbildung 6: Einflussfaktoren für erfolgreiches Projektwissensmanagement

Die Analyse in diesen vier Abschnitten orientiert sich am folgenden Ablauf:

(1) Erläuterung der den jeweiligen Gestaltungsfeldern zugeordneten Einflussfaktoren

(2) Zusammenhang dieser Einflussfaktoren zum PWM-Erfolg

(3) univariate Analyse (Häufigkeiten, Mittelwerte, Standardabweichungen) der den Einflussfaktoren zugrunde liegenden Einzelindikatoren

(4) bivariate Analyse (Mittelwertvergleiche) zwischen den Einzelindikatoren und dem PWM-Erfolg sowie situativen Determinanten wie Branche, Projektart, Unternehmensgröße, Rolle des Managements etc.

In Abschnitt 2.7 erfolgt eine differenzierte Betrachtung der Einflussfaktoren nach Branche und Projektart sowie weiteren Kontextvariablen wie der organisatorische Einbettung der Projekte, deren internationale Zusammensetzung, den individuellen Gestaltungsfreiräumen der Projektmitarbeiter und der vorherrschenden Fehlerkultur, der Rolle des Topmanagements im Projektwissensmanagement, dem Standardisierungsgrad der Projektmethodik, der Existenz einer Projektstelle, der Größe der Projekte etc.

Die Wirkungszusammenhänge der – mit Hilfe theoretischer Überlegungen, faktoranalytischer Berechnungen und den Erkenntnissen der explorativen Vorstudie – konstruierten Einflussfaktoren zum Projektwissensmanagement-Erfolg sowie zum Projekterfolg werden anschließend in Abschnitt 2.8 (Konstruktion eines Gesamtmodells des Projektwissensmanagements) aufgezeigt.

Aus der explorativen Vorstudie werden in Abschnitt 3 (Best Practices im Management von Projektwissen) Best Practices Beispiele vorgestellt. Ausgehend von diesen Ergebnissen und denen der standardisierten Befragung werden schließlich in Abschnitt 4 (Ansätze zur Verbesserung des Projektwissensmanagement) Wege zur Optimierung des Projektwissensmanagement aufgezeigt.

2 Ergebnisse der empirischen Studie

Frank Lindner, Christoph Schneider

2.1 Die Grundgesamtheit und Projektlandschaft

Die an der Befragung teilnehmenden 496 Unternehmen verteilen sich wie folgt auf die in der Abbildung 7 dargestellten Branchen.

Abbildung 7:   Branchen (Angaben in Prozent)

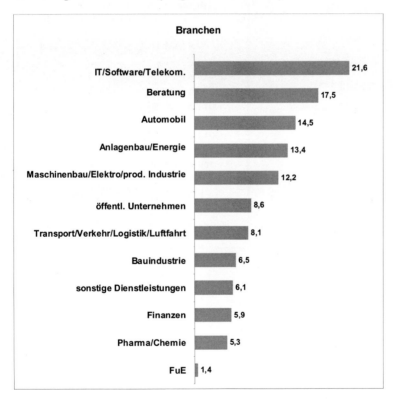

Quelle: Eigene Erhebung; N = 496; Mehrfachnennungen.

Im Sample am stärksten repräsentiert sind Unternehmen aus dem Bereich *IT/Software/Telekommunikation* (21,6%). Mit jeweils über 10% sind Unternehmen aus den Sparten *Beratung* (17,5%), *Automobil* (14,5%), *Anlagenbau/Energie* (13,4%) und *Maschinenbau/Elektro/produzierende Industrie*

(12,2%) vertreten. Aus dem Bereich *Forschung und Entwicklung* (FuE) nah-men lediglich 7 Unternehmen (1,4%) an der Befragung teil. Verallgemeinerba-re Aussagen sind zu dieser Branche deshalb nicht ableitbar.

Knapp die Hälfte der Unternehmen (48,4%) sind, gemessen an der durch-schnittlichen Anzahl der Mitarbeiter, Großunternehmen[1] und 38,1% Klein- und Mittelständische Unternehmen zuzuordnen. 13,5% machten zur Anzahl der Mitarbeiter keine Angaben.

Abbildung 8: Unternehmensgröße nach Umsatz und Mitarbeitern (Angaben in Prozent)

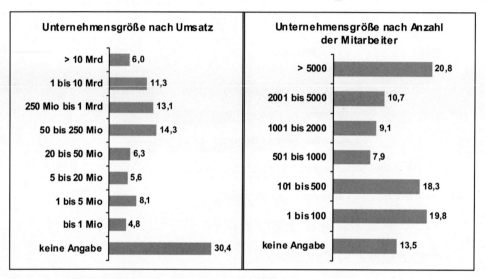

Quelle: Eigene Erhebung; N = 496.

2.1.1 Eigenschaften der Projekte

Die Projekte der befragten Unternehmen sind gekennzeichnet durch eine hohe Komplexität hinsichtlich des *fachlichen Projektinhalts* und durch eine hohe Komplexität der Beteiligten hinsichtlich ihrer *fachlichen Heterogenität*: In 85% der befragten Unternehmen ist eine hohe bzw. sehr hohe fachliche Komplexität gegeben, in 63% findet sich eine hohe bis sehr hohe Komplexität der Beteilig-ten. In zirka vier von zehn Unternehmen sind die Projekte in der Regel mit einem hohen *Risikograd* verbunden, in etwa 20% ist dies nicht der Fall.

---

[1]   Nach der Definition des Instituts für Mittelstandsforschung (IfM), Bonn.

Abbildung 9:   Projekteigenschaften

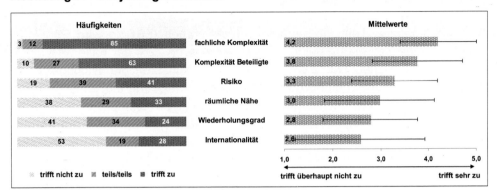

Quelle: Eigene Erhebung; N = 496, Skala 1 (trifft überhaupt nicht zu) bis 5 (trifft sehr zu); in der Häufigkeitsdarstellung sind die Ausprägungen 1 und 2 („trifft nicht zu") und 4 und 5 („trifft zu") zu einem Wert zusammengefasst.

Variablenlabel	Originalformulierung der Einzelfragen
Internationalität	Projekte werden durch international zusammengesetzte Projektteams bearbeitet.
Wiederholungsgrad	Projekte haben einen hohen Wiederholungsgrad.
fachliche Komplexität	Projekte sind komplex hinsichtlich des fachlichen Projektinhalts.
Komplexität Beteiligte	Projekte sind komplex hinsichtlich der fachlichen Heterogenität der Beteiligten.
Risiko	Projekte sind in der Regel mit einem hohen Risiko verbunden.
räumliche Nähe	Zwischen Projektbeteiligten liegen kurze Wege (räumliche Nähe).

Die Mehrzahl der Projekte ist darüber hinaus durch eine gewisse *räumliche Distanz* der Projektbeteiligten geprägt (38%), in nur einem Drittel der Fälle liegen zwischen den Projektbeteiligten kurze Wege. *International* zusammengesetzte Projektteams sind in 28% der Unternehmen zu finden, 53% haben wenig oder überhaupt keine internationale Ausrichtung.

Nur ein Viertel der Projekte hat einen hohen *Wiederholungsgrad*, der Großteil (41%) ist dagegen durch einen geringen bis sehr geringen Wiederholungsgrad charakterisiert.

34

2.1.2 Projektlandschaft

Im überwiegenden Teil der befragten Unternehmen (66,7%) wird Projekten eine sehr hohe Bedeutung beigemessen, in weiteren 22% der Fälle wird diese als hoch eingeordnet. Nur 2,6% der Befragten schätzen die Wichtigkeit der Projekte in ihren Unternehmen als gering oder sehr gering ein. Entsprechend ist eine überdurchschnittliche *Mitarbeitermotivation* vorzufinden: In 60,9% der Unternehmen wird die Motivation der Projektmitarbeiter als hoch oder sogar sehr hoch eingeschätzt, in 31,0% zumindest als mittelmäßig und in lediglich 7,7% der Firmen als gering oder sehr gering.

Abbildung 10: Projektbedeutung und Mitarbeitermotivation (Angaben in Prozent)

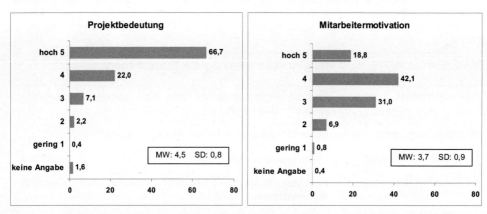

Quelle: Eigene Erhebung; N = 496, Skala 1 (trifft überhaupt nicht zu) bis 5 (trifft sehr zu); die originale Frageformulierungen lauten: „Projekte haben für unser Unternehmen insgesamt eine hohe Bedeutung" (Projektbedeutung) und „Mitarbeiter arbeiten gerne in Projekten" (Mitarbeitermotivation").

Durchschnittlich arbeiten in den befragten Unternehmen 13 Mitarbeiter in einem Projekt, wobei die meisten Projekte (37,7%) maximal bis zu fünf Mitarbeiter umfassen. In einem Viertel der Projekte sind zwischen sechs und neun und in 34,1% mehr als neun Mitarbeiter tätig.

Abbildung 11: Durchschnittliche Anzahl der Mitarbeiter in Projekten und Anzahl aktuell laufender Projekte

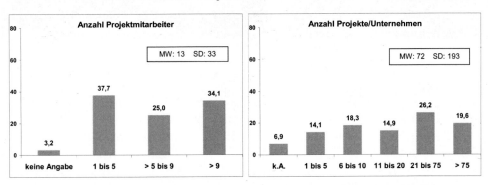

Quelle: Eigene Erhebung; N = 496.

Die Anzahl der zum Zeitpunkt der Befragung parallel laufenden Projekte wird im Durchschnitt auf 72 geschätzt. In 22,4% der Unternehmen existieren bis zu zehn parallel laufende Projekte, in 14,9% liegt die Anzahl bei 11 bis 20, zwischen 21 und 75 Projekte sind in 26,2% der Unternehmen vorzufinden und in 19,6% sogar mehr als 75.

Abbildung 12: Projektart: Interne und externe Projekte (Angaben in Prozent)

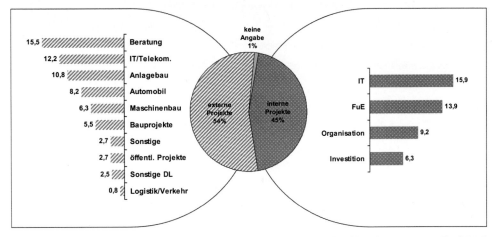

Quelle: Eigene Erhebung; N = 496; bei linker Diagrammhälfte (Art der externen Projekte) waren Mehrfachnennungen möglich, bei rechter Diagrammhälfte (Art der internen Projekte) konnte nur eine Option gewählt werden.

Der größere Teil der Projekte (54,2%) sind externe Kundenprojekte, d.h. Auftragsabwicklungsprojekte wie z.B. Projekte zum Bau einer Anlage, Beratungsprojekte, Projekte zur Entwicklung einer Software oder von Maschinen etc. Der etwas kleinere Teil der angegebenen Projekte (44,8%) sind interne Projekte bzw. Projekte für interne Kunden wie z.B. FuE-Projekte, Investitionsprojekte, IT- oder Organisationsprojekte.

2.2 Wissensgebiete

Die mit Abstand wichtigste Wissensgrundlage für Projektarbeit ist sowohl branchen- als auch projektartübergreifend das *Methodenwissen*, das 90% aller befragten Unternehmen als sehr relevant oder als relevant einstufen. Mit Abstand folgen *Technologie- und Produktwissen*, die noch in zwei Drittel der Unternehmen eine wichtige Rolle einnehmen. Eine vergleichsweise untergeordnete Bedeutung hat – mit Ausnahme der Baubranche – das *rechtliche Wissen*, das nur für etwa ein Viertel der Unternehmen in der Projektarbeit relevant ist.

Abbildung 13: Relevante Wissensgebiete in der Projektarbeit

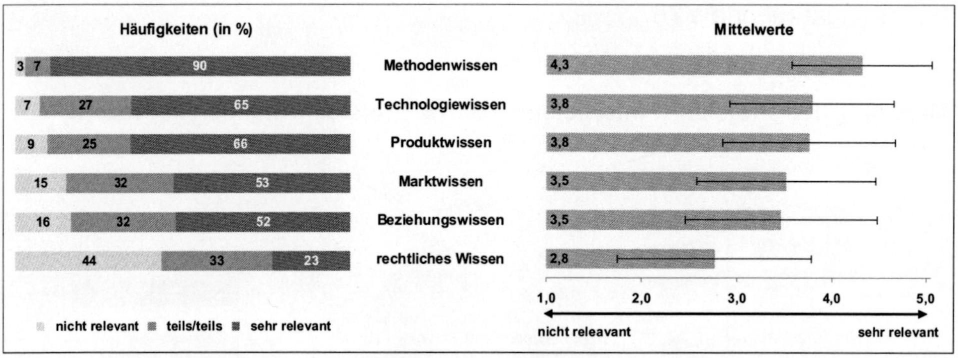

Quelle: Eigene Erhebung; N = 496, Skala 1 (trifft überhaupt nicht zu) bis 5 (trifft sehr zu); in der Häufigkeitsdarstellung sind die Ausprägungen 1 und 2 („trifft nicht zu") und 4 und 5 („trifft zu") zu einem Wert zusammengefasst. Die Frageformulierung lautete: „Welche Wissensgebiete sind für die Projektart relevant?".

Die Wichtigkeit weiterer Wissensgebiete variiert je nach Branchenzugehörigkeit:

- *Produkt-* und *Technologiewissen* ist in der Automobilindustrie sowie in der pharmazeutischen und chemischen Branche wichtige Projektgrundlage. In der Baubranche spielt das Produktwissen eine unterdurchschnittliche Rolle.

- *Markt- und Beziehungswissen* hat über alle Branchen hinweg eine ähnliche große Bedeutung. Lediglich im Bausektor und in den Sparten FuE liegt eine unterdurchschnittliche Relevanz vor.

- *Rechtliches Wissen* ist vor allem in Projekten der Bauindustrie und mit Abstrichen im chemisch-pharmazeutischen Bereich wichtige Voraussetzung, hat aber in der FuE und in den Branchen IT/Software/Telekommunikation eine eher untergeordnete Bedeutung.

2.3 Projektwissensmanagementerfolg

Der Erfolg des Wissensmanagements im Projektkontext wurde mit 16 Einzelfragen operationalisiert, die sich den drei Teildimensionen „Effektivität", „Qualität" und „Effizienz" zuordnen lassen.

A. Die Dimension „Qualität" hat die Güte des zwischen den Projekten ausgetauschten Wissens im Fokus und wird über die Kriterien *Genauigkeit*, *Aktualität*, *Vollständigkeit*, dem Verhältnis von *Aufwand* und *Nutzen* der Wissenserzeugung, dem generellen *Erschließungsaufwand*, der *Handhabung*, *Nutzungsintensität* und der *Zufriedenheit der Nutzer* gemessen.

B. Die Dimension „Effizienz" zielt auf die produktiv unterstützenden Effekte des Wissens hinsichtlich der *Zeit-* und *Kosteneffizienz*, den *Qualitäts-* bzw. *Inhaltszielen* sowie den zeitlichen und qualitativen *Entscheidungsprozessen*.

C. Die Dimension „Effektivität" beleuchtet, inwieweit die im Unternehmen gegebenen Vorgehensweisen (Wissensmanagementsysteme), Systeme und Strukturen wirksam das *Generieren*, *Speichern*, *Suchen* und *Verteilen* von Wissen effektiv unterstützen.

Von den drei zugrunde gelegten Dimensionen ist für die befragten Unternehmen vor allem die Dimension der „Effizienz" für ihr Wissensmanagement von Bedeutung. Zwischen 38% und 57% sind der Ansicht, die hierzu abgefragten Kriterien seien sehr stark oder stark in ihrem Unternehmen ausgeprägt, wobei vor allem die Qualitäts- und Inhaltsziele in der Projektarbeit vom Wissen früherer oder ähnlich gelagerter Projekte profitieren. Dagegen werden die *Qualität* des erzeugten Wissens und die *Prozesseffektivität* der Wissensmanagementsysteme in den befragten Unternehmen vergleichsweise skeptisch beurteilt (vgl. hierzu Abbildung 14).

38

Ad A.: Qualität des Wissens

Die verschiedenen *Qualitätsaspekte* des ausgetauschten Wissens werden in 18 bis 39 Prozent der Fälle als hoch bis sehr hoch eingestuft, umgekehrt aber in 27% bis 57% als gering bis sehr gering. Nur die Qualitätsmerkmale *Aktualität* und *Genauigkeit* werden von einer Mehrheit der Befragten in ihrer Güte positiv bewertet. Alle anderen Qualitätsaspekte werden zum Teil außerordentlich kritisch beurteilt, allen voran die Funktionalität der Wissenssysteme, die lediglich von 18% als hoch bis sehr hoch, von 57% dagegen als gering oder sogar sehr gering gesehen wird.

Abbildung 14: Kriterien der *Qualität* des erzeugten Wissens (Häufigkeiten, Mittelwerte und Standardabweichungen)

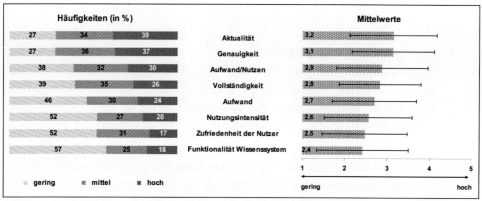

Quelle: Eigene Erhebung; N = 496, Skala 1 (trifft überhaupt nicht zu) bis 5 (trifft sehr zu); in der Häufigkeitsdarstellung (links) wurden die Ausprägungen 1 und 2 („trifft nicht zu") und 4 und 5 („trifft zu") zu jeweils einem Wert zusammengefasst.

Tabelle 3:   Originalformulierung der Einzelfragen der Qualität des Wissens

Variablenlabel	Originalformulierung der Einzelfragen
Genauigkeit	Das Wissen, das in und zwischen Projekten ausgetauscht wird ist in der Regel akkurat
Aktualität	Das Wissen, das in und zwischen Projekten ausgetauscht wird ist in der Regel aktuell
Aufwand/Nutzen	Der Aufwand zum Aufbereiten von Wissen steht in einem angemessenen Verhältnis zum Nutzen, der aus Projektwissensmanagement gezogen wird
Aufwand	Der Erschließungsaufwand für Wissen (Zeit, Suchkosten, Beurteilung) ist angemessen

Variablenlabel	Originalformulierung der Einzelfragen
Funktionalität Wissenssystem	Wissen ist so aufbereitet und abgelegt, dass es schnell und einfach für die Projektarbeit nutzbar ist
Nutzungsintensität	Die Nutzungsintensität des Projektwissensmanagements ist hoch
Vollständigkeit	Das Wissen, das in und zwischen Projekten ausgetauscht wird ist in der Regel vollständig
Zufriedenheit Nutzer	Die Nutzer sind zufrieden mit dem Projektwissensmanagement

Ad B.: Effizienz des Wissens

Abbildung 15: Kriterien der *Effizienz* des erzeugten Wissens (oben) und der *Effektivität* des Wissensmanagementsystems (unten)

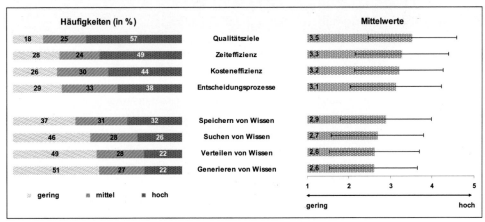

Quelle: Eigene Erhebung; N = 496, Skala 1 (trifft überhaupt nicht zu) bis 5 (trifft sehr zu); in der Häufigkeitsdarstellung wurden die Ausprägungen 1 und 2 („trifft nicht zu") und 4 und 5 („trifft zu") zu jeweils einem Wert zusammengefasst.

Am effizientesten wirkt nach Ansicht von 57% der Befragten das Projektwissensmanagement auf die Qualitäts- und Inhaltsziele der Projekte. In fast der Hälfte der Unternehmen (49%) kann eine unterstützende Wirkung auf die Zeiteffizienz der Projektarbeit festgestellt werden. Auch bei den Gesichtspunkten Kosteneffizienz (44%) und der unterstützenden Wirkung bei Entscheidungsprozessen hinsichtlich Geschwindigkeit und Qualität (38%) sind in der Mehrzahl der befragten Unternehmen positive Effekte zu verzeichnen (vgl. Abbildung 15).

Ad C.: Effektivität des Wissensmanagementsystems

Die in den Unternehmen implementierten Vorgehensweisen bzw. Wissensmanagementsysteme werden von der Mehrheit der befragten Unternehmen im Durchschnitt hinsichtlich ihrer Effektivität als gering oder sehr gering eingestuft. Am ehesten funktionieren die Systeme zum *Speichern von Wissen*, die in 32% der Unternehmen als effektiv, in 37% dagegen als ineffektiv bezeichnet werden.

Die derzeit zugrunde liegenden Vorgehensweisen, Systeme und Strukturen zum *Suchen*, *Verteilen* und *Generieren* von Wissen werden nur in 22% bis 26% der Unternehmen positiv bewertet. In jeweils etwa der Hälfte der Fälle (46% bis 51%) scheinen diese Systeme noch nicht ausgereift zu sein.

Tabelle 4: **Originalformulierung der Einzelfragen der Effizienz des Wissens und der Effektivität der Wissensmanagementsysteme**

Variablenlabel	Originalformulierung der Einzelfragen
Zeiteffizienz	Die Nutzung von Wissen aus vergangenen oder ähnlichen Projekten unterstützt die Projektarbeit hinsichtlich Zeiteffizienz
Kosteneffizienz	Die Nutzung von Wissen aus vergangenen oder ähnlichen Projekten unterstützt die Projektarbeit hinsichtlich Kosteneffizienz
Qualitätsziele	Die Nutzung von Wissen aus vergangenen oder ähnlichen Projekten unterstützt die Projektarbeit hinsichtlich Qualitäts- bzw. Inhaltszielen
Entscheidungs-prozesse	Die Nutzung von Wissen aus vergangenen oder ähnlichen Projekten unterstützt Entscheidungsprozesse hinsichtlich Geschwindigkeit und Qualität
Generieren von Wissen	Die Vorgehensweisen, Systeme und Strukturen des Wissensmanagements im Projektkontext unterstütze das Generieren von Wissen effektiv
Speichern von Wissen	Die Vorgehensweisen, Systeme und Strukturen des Wissensmanagements im Projektkontext unterstütze das Speichern von Wissen effektiv
Suchen von Wissen	Die Vorgehensweisen, Systeme und Strukturen des Wissensmanagements im Projektkontext unterstütze das Suchen von Wissen effektiv
Verteilen von Wissen	Die Vorgehensweisen, Systeme und Strukturen des Wissensmanagements im Projektkontext unterstütze das Verteilen von Wissen effektiv

Projektwissensmanagement-Erfolg nach Branche und Projektart

Die geringste Anwendung findet Wissensmanagement in den Branchen Transport, Verkehr, Logistik und Luftfahrt, im Finanzsektor und in der Automobilindustrie. Die konsequenteste Umsetzung zeigt sich in den Bereichen Forschung & Entwicklung, in der Bauindustrie sowie in der Beratung.

Eine differenzierte Betrachtung der verschiedenen Dimensionen des Wissensmanagements nach den unterschiedlichen Branchen ergibt, dass in der Beratung die effektivsten Wissensmanagementsysteme bestehen. Am ineffektivsten sind hingegen die Systeme in den Bereichen Forschung und Entwicklung. Gleichwohl ist dort die Qualität des aufbereiteten Wissens am höchsten und wird von allen befragten Branchen neben der Bauindustrie am effizientesten in der Projektarbeit eingesetzt.

Abbildung 16: Index PWM-Erfolg gesamt und die Indizes der einzelnen PWM-Dimensionen (Effektivität, Qualität, Effizienz) differenziert nach Branche[2]

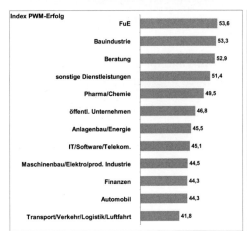
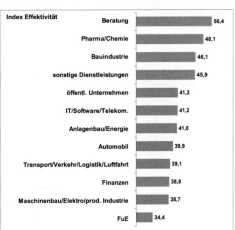

---

[2]   Die Indizes wurden über die Mittelwerte der für die Dimensionen relevanten Items berechnet und auf 100 umgerechnet, wobei 100 das größtmögliche Maß an Zustimmung für alle zugrunde liegenden Einzelfragen bedeutet, 0 dagegen das größtmögliche Maß an Ablehnung aller einbezogenen Einzelfragen.

42

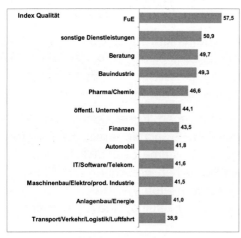 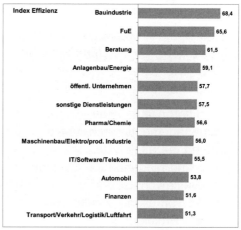

Quelle: Eigene Erhebung; N = 496.

Branchenübergreifend kommt das Wissensmanagement im Projektkontext stärker in Projekten für externe Kunden als in internen Projekten bzw. in Projekten für interne Kunden zur Geltung.

Abbildung 17: PWM-Erfolg gesamt und die PWM-Teildimensionen (Effektivität, Qualität, Effizienz) differenziert nach interner/externer Projektart

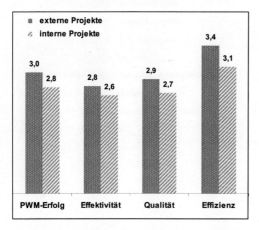

Quelle: Eigene Erhebung, N = 496, Mittelwerte, Skala 1 (trifft überhaupt nicht zu) bis 5 (trifft sehr zu).

Bedingungen für erfolgreiches Wissensmanagement im Projektkontext

Eine zentrale Voraussetzung für ein funktionierendes und somit erfolgreiches Wissensmanagement liegt in der aktiven Unterstützung und Förderung durch das Top-Management und der Projektleitung (vgl. Abbildung unten).

Abbildung 18: Rolle des Managements, Grad der Standardisierung nach Grad des PWM-Erfolgs (Mittelwerte)

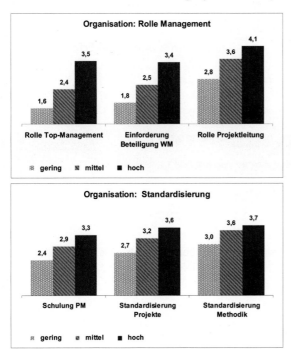

Quelle: Eigene Erhebung; N = 496, Skala 1 (trifft überhaupt nicht zu) bis 5 (trifft sehr zu); PWM-Erfolg ist systematisch in die drei paritätischen Segmente „gering", „mittel", „hoch" eingeteilt.

Spielt das Management eine aktive Rolle in der Weise, dass die Beteiligung am Wissensmanagement im Unternehmen eingefordert wird („Einforderung Beteiligung WM") und das Top-Management und die Projektleitung hierbei eine aktive Rolle spielen, lässt sich ein hoher PWM-Erfolg nachweisen. Umgekehrt schlägt sich ein schwindendes Engagement des Managements in deutlich abnehmendem PWM-Erfolg nieder.

Ein weiterer Baustein für erfolgreiches Wissensmanagement ist der Grad der Standardisierung der Projektmanagementmethodik: Eine zunehmende Standardisierung hinsichtlich der *Methodik*, der *projektübergreifenden Anwendung*

44

dieser Methodik und der diesbezüglichen *Schulung* der Mitarbeiter bewirkt einen steigenden Erfolg im Projektwissensmanagement.

Eine ähnliche Wirkungsrichtung ist auch bei der Strukturierung der WM-Organisation vorzufinden. Sind in den Unternehmen übergeordnete Anlaufstellen für Wissensmanagement institutionalisiert („Management WM" und „Stelle/Funktion WM") sowie klare Ansprechpartner definiert („Definition Ansprechpartner" und „Identifizierung Wissensträger") verbessern sich die Chancen für erfolgreiches Wissensmanagement.

Abbildung 19: Organisation des Wissensmanagements und PWM-Erfolg

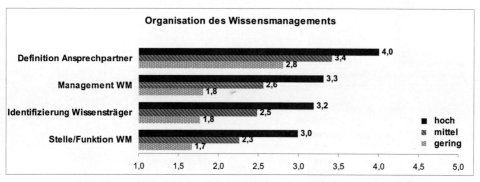

Quelle: Eigene Erhebung; N = 496, Skala 1 (trifft überhaupt nicht zu) bis 5 (trifft sehr zu); PWM-Erfolg ist systematisch in die drei paritätischen Segmente „gering", „mittel", „hoch" eingeteilt.

2.4 Projekterfolg

Der „Projekterfolg" wurde über zwei Teildimensionen operationalisiert, die jeweils über vier Indikatoren gemessen wurden.

- **Zufriedenheit der Stakeholder** (*externe Kunden, Sponsoren/Auftraggeber (intern), Projektmitarbeiter, Projektleiter*),

- **Zielerreichung** hinsichtlich der Kriterien *Kosteneinhaltung, Ergebnis/Qualität, Zeiteinhaltung* und *Gesamtergebnis.*

In der nachfolgenden Tabelle sind die Indikatoren des Projekterfolgs mit zusammengefassten Häufigkeiten, Mittelwerten und Standardabweichungen dargestellt.

Abbildung 20: Indikatoren des Projekterfolgs

Quelle: Eigene Erhebung; N = 496, Skala 1 (trifft überhaupt nicht zu) bis 5 (trifft sehr zu); in der Häufigkeitsdarstellung sind die Ausprägungen 1 und 2 („trifft nicht zu") und 4 und 5 („trifft zu") zu jeweils einem Wert zusammengefasst.

Tabelle 5:   Originalformulierung der Einzelfragen des Projekterfolgs

Variablenlabel	Originalformulierung der Einzelfragen
Zufriedenheit Kunden (extern)	Zufriedenheit der Kunden (extern)
Zufriedenheit Kunden (intern)	Zufriedenheit der Sponsoren/Auftraggeber/Kunden (intern)
Zufriedenheit Mitarbeiter	Zufriedenheit der Projektmitarbeiter
Zufriedenheit Projektleiter	Zufriedenheit der Projektleiter
Erfolg Kosten	Zielerreichung hinsichtlich Kosteneinhaltung
Erfolg Ergebnis/Qualität	Zielerreichung hinsichtlich Ergebnis / Qualität
Erfolg Zeiteinhaltung	Zielerreichung hinsichtlich Zeiteinhaltung
Gesamtergebnis	Zielerreichung hinsichtlich Gesamtergebnis

In den befragten Unternehmen liegen bei allen zur Messung des Projekterfolgs eingesetzten Indikatoren überdurchschnittliche Werte vor. Am stärksten hervorgehoben werden *Ergebnis und Qualität* der Projekte sowie die selbst geschätzte *Zufriedenheit der externen Kunden*. Beide Punkte werden von etwa drei Viertel der Befragten als sehr hoch oder hoch eingestuft. Einzig das Kriterium „Zielerreichung der Projekte hinsichtlich der Kosteneinhaltung" wird von weniger als der Hälfte der Befragten als hoch bzw. sehr hoch eingeschätzt. Kritischster Punkt aber scheint das Zeitmanagement in Projekten zu sein: Ein Viertel der Befragten attestiert den Projekten in seinem Unternehmen einen geringen bis sehr geringen Erfolgsgrad in Hinblick auf die Zeiteinhaltung.

2.5 Strategien des Projektwissensmanagement

2.5.1 Schwerpunkt und Aufgaben des Projektwissensmanagements

Ein eindeutiger Schwerpunkt bei den Projektwissensmanagement-Aktivitäten kristallisiert sich in den befragten Unternehmen nicht heraus. Von den fünf untersuchten Aspekten liegt der stärkste Fokus auf der *Organisation und der Systematisierung* von Wissen (45%). Auch die *Vermittlung bzw. das in Kontakt bringen von Wissensträgern* (38%) ist in der Mehrzahl der Unternehmen Aufgabe des Wissensmanagements. Die *Sicherstellung der Einpflegung und Aktualität* von Wissen in Systeme (33%), die *Wissensrecherche* (26%) und vor allem die *Wissensbewertung* (16%) haben eine eher nachgeordnete Bedeutung.

Abbildung 21: Schwerpunkt der Projektwissensmanagement-Aktivitäten

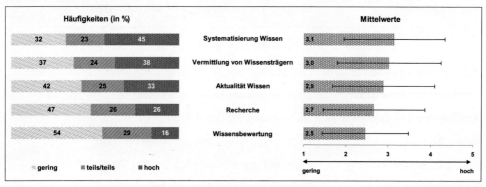

Quelle: Eigene Erhebung; N = 496, Skala 1 (trifft überhaupt nicht zu) bis 5 (trifft sehr zu); in
            der Häufigkeitsdarstellung sind die Ausprägungen 1 und 2 („trifft nicht zu") und 4 und
            5 („trifft zu") zu einem Wert zusammengefasst.

Tabelle 6: Originalformulierung der Fragen zu den Projektwissensmanagement-Aktivitäten

Variablenlabel	Originalformulierung der Einzelfragen
Systematisierung Wissen	Organisation und Systematisierung von Informationen und Wissen
Aktualität Wissen	Sicherstellung der Einpflegung und Aktualität von Wissen in Systeme / Datenbanken
Wissensbewertung	Inhaltliche und redaktionelle Pflege, Wissensbewertung
Vermittlung von Wissensträgern	Vermittlung / In Kontakt bringen von Wissensträgern
Recherche	Recherche/Informationsbeschaffung (Rechercheaufträge)

2.5.2 Ziele von Projektwissensmanagement

Mit dem Management von Projektwissen wird von den befragten Unternehmen in erster Linie das *Lernen aus Erfahrung bzw. von guten Beispielen*, die *Vermeidung von Wiederholungsfehlern* und die *Wiederverwendung von Wissen zur Vermeidung von Doppelarbeit* verbunden. Diesen Zielen stimmen jeweils über 70% der Befragten zu. Wissensmanagement als System *zur Generierung von neuen Ideen* hat dagegen eine nur untergeordnete Bedeutung (31%). Alle weiteren Zielorientierungen wie die *Verbesserung der Zusammenarbeit und Kommunikation* (53%), *Verringerung der Projektrisiken* (57%), *Verbesserung der Prognosequalität* in der Planung (53%) und *Steigerung der Professionalität* in der Projektmanagement-Methodik (54%) haben eine ähnliche Wichtigkeit und kommen jeweils in über der Hälfte der Unternehmen zur Geltung.

48

Abbildung 22: Ziele von Projektwissensmanagement

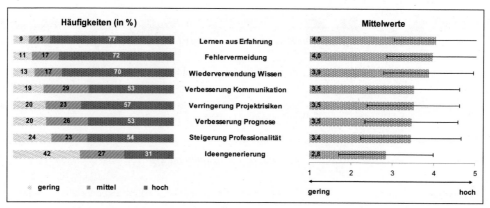

Quelle: Eigene Erhebung; N = 496, Skala 1 (trifft überhaupt nicht zu) bis 5 (trifft sehr zu); in der Häufigkeitsdarstellung sind die Ausprägungen 1 und 2 („trifft nicht zu") und 4 und 5 („trifft zu") zu einem Wert zusammengefasst.

Tabelle 7: Originalformulierung der Fragen zu den Zielen des Projektwissensmanagement

Variablenlabel	Originalformulierung der Einzelfragen
Ideengenerierung	Generieren neuer Ideen
Lernen aus Erfahrung	Lernen aus Erfahrungen / von guten Beispielen
Wiederverwendung	Vermeidung von Doppelarbeit, Wiederverwendung von Wissens-/ Lösungsbausteinen
Fehlervermeidung	Vermeidung von Wiederholungsfehlern
Prognosequalität	Verbesserte Schätz- bzw. Prognosequalität (Projektplanung)
Verringerung Projektrisiken	Verringerung von Projektrisiken
Steigerung Professionalität	Erhöhung der Professionalität in der Projektmanagement-Methodik
Verbesserung Kommunikation	Verbesserte Zusammenarbeit und Kommunikation

2.5.3 Zugrunde liegende Strategien von Projektwissensmanagement

In der Unternehmenspraxis wird Wissen überwiegend als *gemeinsamer Wettbewerbsvorteil des Unternehmens* gesehen und weniger als *privates Gut* Einzelner betrachtet. Demgegenüber basiert der Transfer des Wissens im Wesentlichen auf der *Eigeninitiative* der Mitarbeiter und weniger auf einer durch das *Unternehmen* entwickelte und implementierte Strategie. Entsprechend erfolgt der reale Wissenstransfer vornehmlich über Personen (*Personalisierung*) und weniger über Systeme bzw. Dokumente (*Kodierung*).

Abbildung 23: Einstellung zu Wissen/Art des Wissenstransfers (Angaben in Prozent; MW=Mittelwert, SD=Standardabweichung

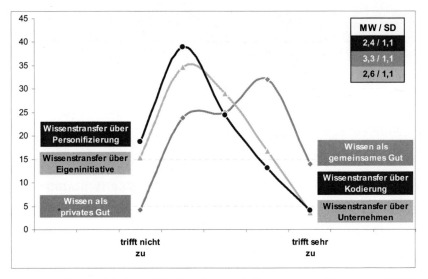

Quelle: Eigene Erhebung; N = 496, Skala 1 (trifft überhaupt nicht zu) bis 5 (trifft sehr zu).

Die individuelle *Einstellung zu Wissen*, d.h. auf der einen Seite Wissen als privates Gut oder Wissen als gemeinsamer Wettbewerbsvorteil des Unternehmens, und die Art des *Transfers von Wissen* sind in den einzelnen Branchen unterschiedlich ausgeprägt. Vor allem in der Beratung, der Forschung und Entwicklung sowie in der Baubranche wird Wissen verstärkt als gemeinsamer Wettbewerbsvorteil des Unternehmens betrachtet. Hier funktioniert der *Wissensaustausch* am ehesten über Vorgaben und Einfordern seitens der Unternehmen. Am wenigsten wird Wissen als gemeinsames Gut in den Unternehmen aus dem Maschinen- und Anlagenbau sowie aus dem öffentlichen Sektor wahrgenommen.

Abbildung 24: Einstellung zu Wissen/Art des Wissenstransfers nach Branche (Mittelwerte)

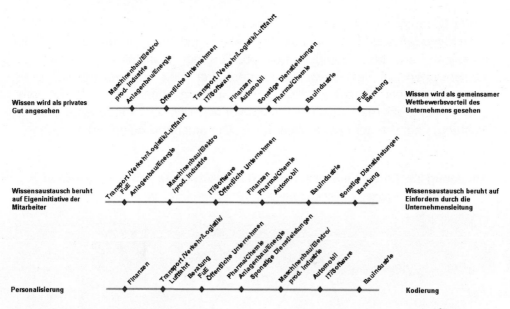

Quelle: Eigene Darstellung; Ranking nach Mittelwertberechnungen, Skala 1 (trifft überhaupt nicht zu) bis 5 (trifft sehr zu).

2.6 Einflussfaktoren für erfolgreiches Projektwissensmanagement

Die Einflussfaktoren auf das Wissensmanagement im Projektkontext wurden auf der Grundlage konzeptueller Vorüberlegungen und der Ergebnisse der Experteninterviews aus einer Vielzahl von einzelnen Variablen über konfirmatorische Faktoranalysen erzeugt. Aufgrund der besseren Lesbarkeit werden an dieser Stelle auf die methodischen Details verzichtet, diese können aber in Abschnitt 2.8 (Konstruktion eines Gesamtmodells des Projektwissensmanagements) nachgelesen werden.

Die so gewonnenen Faktoren lassen sich vier übergreifenden Bereichen, im Folgenden Gestaltungsfelder genannt, zuordnen: *Prozesse*, *Kultur*, *Organisation* und *Systeme*.

2.6.1 Gestaltungsfeld Prozesse

Das Gestaltungsfeld „Prozesse" lässt sich thematisch in die vier Teilbereiche *Erfahrungsaktivierung*, *Prozessorganisation*, *Qualitätssicherung* und *Wissenspermeabilität* unterteilen.

Abbildung 25: Übersicht: Einflussfaktoren auf erfolgreiches Projektwissensmanagement

- Mit **Aktivierung von Erfahrungen** ist der systematische Umgang mit Erfahrungen aus zumeist abgeschlossenen Projekten bezeichnet. Der Faktor ist konstruiert aus folgenden sieben Indikatoren: *systematische Ablage* projektrelevanter Dokumente nach Projektende, Existenz von Mechanismen zur *Übernahme von Erfahrungen und Erkenntnissen* aus Projekten in die Projektmanagementmethodik, Durchführung von *Lesson Learned Treffen während* Projekten und *nach* Projektende, Existenz von Mechanismen zur systematischen und *zentralen Ablage von Lessons Learned* und *Bereitstellung* dieser Inhalte für andere Projekte, *Einbezug der verschiedenen Stakeholder* von Projekten (Kunden, Sponsoren) in Lesson Learned Workshops.

- Der Faktor **Prozess-Organisation** erfasst den Grad der Institutionalisierung von *Verantwortlichkeiten* und *Vorgehensweisen innerhalb einzelner* und *zwischen verschiedenen* Projekten.

- Der Faktor **Qualitätssicherung** bezieht sich auf die *Organisation und Systematisierung*, die *Aktualität* und *Bewertung* bzw. die inhaltliche und redaktionelle Pflege von Informationen und Wissen.

- Der Faktor **Wissenspermeabilität** misst die Intensität und die Richtung des Wissensaustausches: *zwischen* und *innerhalb* von Projekten sowie *zwischen Projekten und Abteilungen* bzw. *Funktionsbereichen* der Organisation.

2.6.1.1 Einflussfaktoren im Gestaltungsfeld „Prozesse"

Bei allen vier zugrunde gelegten Faktoren des Gestaltungsfeldes „Prozesse" lässt sich ein ähnlich gelagerter Zusammenhang zum Projektwissensmanagement-Erfolg (PWM-Erfolg) nachweisen, wie eine differenzierte Analyse zeigt (vgl. nachfolgende Grafik).

Mit zunehmend positiver Ausprägung der Einflussfaktoren nimmt der Erfolg des Projektwissensmanagements zu. Ist beispielsweise die „Erfahrungsaktivierung" in den Unternehmen stark umgesetzt, liegt in 58% der Fälle ein hoher PWM-Erfolg vor, in 35% ist bei dieser Voraussetzung immerhin ein noch mittelmäßiger PWM-Erfolg vorzufinden und in nur 7% zeigt sich dieser als gering. In leicht abgeschwächter Form ist dieser Zusammenhang auch bei den Faktoren Prozessorganisation, Qualitätssicherung und Wissenspermeabilität vorzufinden.

Abbildung 26: Zusammenhang der Faktoren im Gestaltungsfeld Prozess mit dem PWM Erfolg

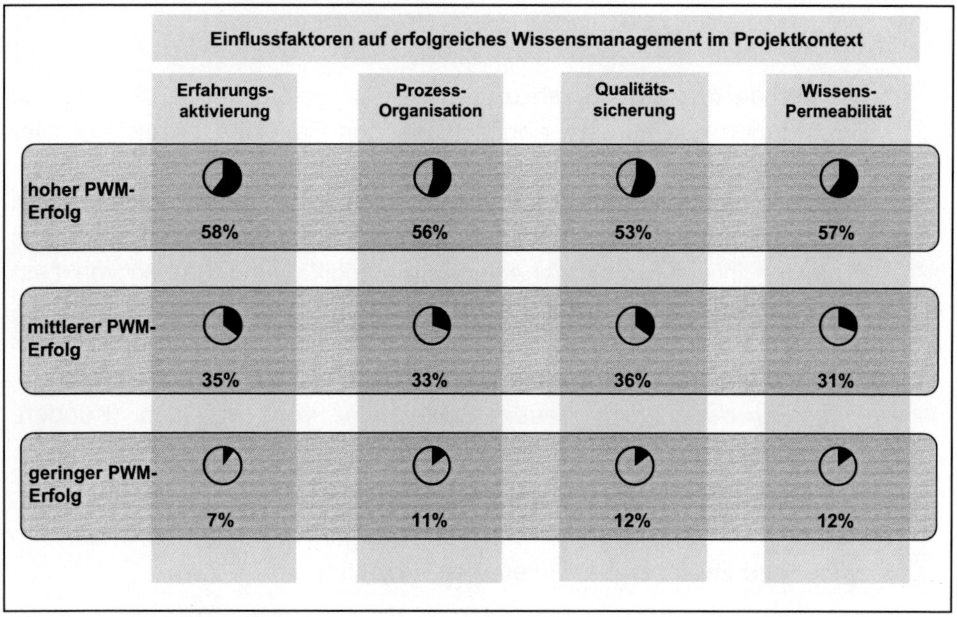

	Einflussfaktoren auf erfolgreiches Wissensmanagement im Projektkontext			
	Erfahrungs-aktivierung	Prozess-Organisation	Qualitäts-sicherung	Wissens-Permeabilität
hoher PWM-Erfolg	58%	56%	53%	57%
mittlerer PWM-Erfolg	35%	33%	36%	31%
geringer PWM-Erfolg	7%	11%	12%	12%

Quelle: Eigene Erhebung; N = 496, Skala 1 (trifft überhaupt nicht zu) bis 5 (trifft sehr zu); die Faktoren PWM-Erfolg und die vier Einflussfaktoren sind jeweils nach Ausprägungsgrad systematisch in drei paritätische Segmente unterteilt („hoch", „gering", „mittel"). Bei den vier Einflussfaktoren sind in der Darstellung nur die Segmente „hoch" ausgewiesen.

2.6.1.2 Einzelindikatoren des Gestaltungsfeldes „Prozesse"

Aktivierung von Erfahrungen

Der Faktor *Erfahrungsaktivierung* umreißt den systematischen Umgang mit Erfahrungen aus zumeist abgeschlossenen Projekten und ist aus sieben Einzelfragen konstruiert.

Das zentrale Instrument beim Umgang mit Erfahrungen aus Projekten ist die *Ablagesystematik*, d.h. die systematische Ablage aller projektrelevanten Dokumente wie z.B. Verträge, Projektpläne und Projektberichte nach Ende eines Projektes. Dieses Instrument kommt in fast zwei Drittel der befragten Unternehmen zur Anwendung.

Alle anderen Instrumente und Vorgehensweisen wie die Durchführung von *Lesson Learned Treffen (28%)*, die *Übernahme von Erkenntnissen in die Projektmanagement-Methodik* (21%), fortlaufende *Lessons Learned Treffen während Projekten* (17%), Mechanismen zur *Bereitstellung von Lessons Learned* (14%) oder eine *systematische Ablage von Lessons Learned* (15%) werden in deutlich weniger als der Hälfte der Unternehmen eingesetzt. Am seltensten werden die verschiedenen *Stakeholder* (Kunden, Sponsoren) von Projekten in Lesson Learned Workshops mit einbezogen (12%).

Abbildung 27: Häufigkeitsverteilungen, Mittelwerte und Standardabweichungen der Einzelindikatoren des Einflussfaktors „Aktivierung von Erfahrungen"

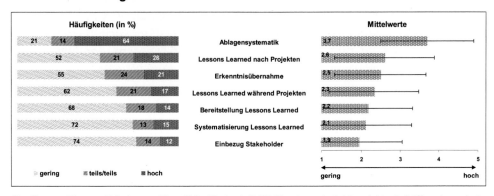

Quelle: Eigene Erhebung; N = 496, Skala 1 (trifft überhaupt nicht zu) bis 5 (trifft sehr zu); in der Häufigkeitsdarstellung sind die Ausprägungen 1 und 2 („trifft nicht zu") und 4 und 5 („trifft zu") zu einem Wert zusammengefasst.

Tabelle 8: Originalformulierung der Einzelfragen des Einflussfaktors „Aktivierung von Erfahrungen"

Variablenlabel	Originalformulierung der Einzelfragen
Ablagensystematik	Nach Projektende werden alle projektrelevanten Dokumente systematisiert abgelegt (z.B. Verträge, Projektpläne, Status- und Abschlussberichte, Projektziele)
Erkenntnisübernahme	Es existieren Mechanismen zur Übernahme von Erfahrungen und Erkenntnissen aus Projekten in die Projektmanagement-methodik
Lessons Learned nach Projekten	Wir führen nach Projekten Lessons Learned Treffen durch und arbeiten die Lernpunkte heraus
Lessons Learned während Projekten	Wir führen während des Projekts fortlaufend (z.B. an Meilensteinen) Lessons Learned Treffen durch
Systematisierung Lessons Learned	Es existieren Mechanismen zur systematischen und zentralen Ablage von Lessons Learned (Datenbanken)
Bereitstellung Lessons Learned	Es existieren Mechanismen zur Bereitstellung der Lessons Learned bzw. Erfahrungen gegenüber Projektleitern und Projektmitarbeitern anderer Projekte
Einbezug Stakeholder	Es werden die verschiedenen Stakeholder (Kunden, Sponsoren) von Projekten in Lessons Learned Workshops einbezogen

Eine differenzierte Analyse nach dem Grad des PWM-Erfolges zeigt, dass eine zunehmende positive Ausprägung der Indikatoren zur Aktivierung von Erfahrung mit einem zunehmenden PWM-Erfolg einhergeht.

Am stärksten ist dieser Zusammenhang bei einer Existenz von Mechanismen zur *Bereitstellung von Lessons Learned* und einer *systematischen Ablage von Lessons Learned* zu beobachten (abzulesen über Differenz der Mittelwerte zwischen „hoch" und „gering").

Abbildung 28: Aktivierung von Erfahrungen nach PWM-Erfolg (Mittelwerte)

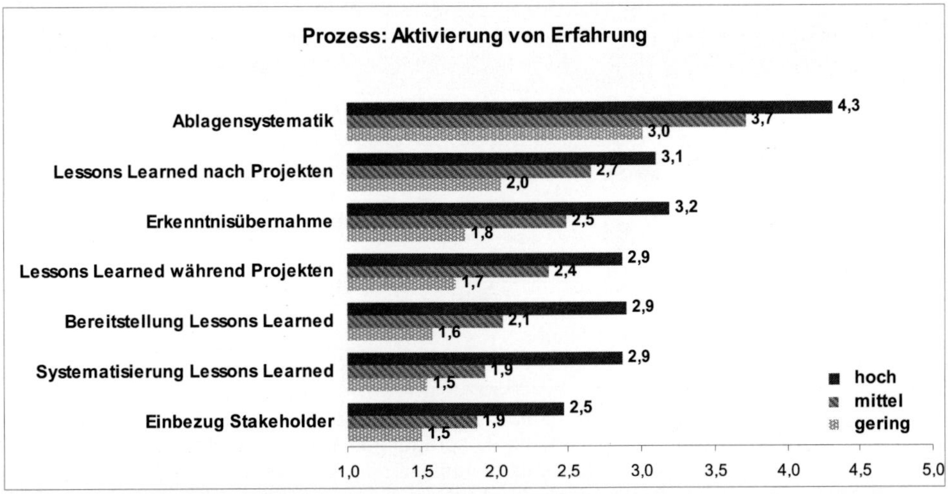

Prozess: Aktivierung von Erfahrung

Kategorie	hoch	mittel	gering
Ablagensystematik	4,3	3,7	3,0
Lessons Learned nach Projekten	3,1	2,7	2,0
Erkenntnisübernahme	3,2	2,5	1,8
Lessons Learned während Projekten	2,9	2,4	1,7
Bereitstellung Lessons Learned	2,9	2,1	1,6
Systematisierung Lessons Learned	2,9	1,9	1,5
Einbezug Stakeholder	2,5	1,9	1,5

Quelle: Eigene Erhebung; N = 496, Skala 1 (trifft überhaupt nicht zu) bis 5 (trifft sehr zu); der Faktor PWM-Erfolg ist systematisch in drei paritätische Segmente unterteilt („hoch", „gering", „mittel").

Der intensivste Umgang mit Erfahrungen aus zumeist abgeschlossenen Projekten ist in der Pharmazeutischen/Chemischen Industrie zu finden. Auch in der Beratung und im Anlagenbau liegen leicht überdurchschnittliche Werte vor. Demgegenüber werden Erfahrungen aus abgeschlossenen Projekten am wenigsten in der Bauindustrie und im Finanzdienstleistungssektor genutzt.

Prozess-Organisation

Mit dem Faktor „Prozess-Organisation" wird der Grad der Institutionalisierung von Verantwortlichkeiten und Vorgehensweisen innerhalb einzelner und zwischen verschiedenen Projekten erfasst.

Wie in der Abbildung unten zu sehen ist, sind vor allem die Vorgehensweisen und Verantwortlichkeiten für das Management von Wissen *innerhalb von Projekten* institutionalisiert bzw. standardisiert und weniger die *zwischen verschiedenen Projekten*. Gleichzeitig ist eine Präferenz zur *Festlegung von Verantwortlichkeiten* vor der *Standardisierung von Vorgehensweisen* zu beobachten.

Abbildung 29: Häufigkeitsverteilungen, Mittelwerte und Standardabweichungen der Einzelindikatoren des Einflussfaktors „Prozess-Organisation"

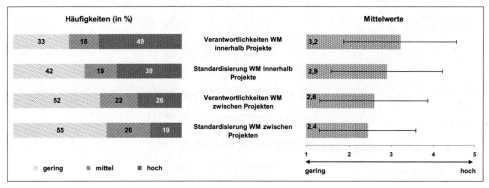

Quelle: Eigene Erhebung; N = 496, Skala 1 (trifft überhaupt nicht zu) bis 5 (trifft sehr zu); in der Häufigkeitsdarstellung sind die Ausprägungen 1 und 2 („trifft nicht zu") und 4 und 5 („trifft zu") zu einem Wert zusammengefasst.

Insgesamt zeigt sich, dass lediglich eine *Festlegung von Verantwortlichkeiten innerhalb von Projekten* in den befragten Unternehmen mehrheitlich vorgenommen wird (49%). Die Standardisierung des Wissensmanagements *innerhalb von Projekten* (39%) und eine *Festlegung von Verantwortlichkeiten zwischen Projekten* (26%) werden von der Mehrheit der Unternehmen nicht umgesetzt. Am seltensten ist eine *Standardisierung des Wissensmanagements zwischen Projekten* vorzufinden (19%).

Tabelle 9: Originalformulierung der Einzelfragen des Einflussfaktors „Prozess-Organisation"

Variablenlabel	Originalformulierung der Einzelfragen
Standardisierung WM innerhalb Projekte	Für das Management von Wissen innerhalb von einzelnen Projekten gibt es festgelegte Vorgehensweisen
Verantwortlichkeiten WM innerhalb Projekte	Für das Management von Wissen innerhalb von einzelnen Projekten gibt es festgelegte Verantwortlichkeiten
Standardisierung WM zwischen Projekten	Für das Management von Wissen zwischen Projekten gibt es festgelegte Vorgehensweisen
Verantwortlichkeiten WM zwischen Projekten	Für das Management von Wissen zwischen Projekten gibt es festgelegte Verantwortlichkeiten

Zwischen den Indikatoren der Prozess-Organisation und dem PWM-Erfolg lässt sich folgender Zusammenhang nachweisen: Umso höher der PWM-Erfolg in den Unternehmen ausgeprägt ist, umso stärker sind die befragten Merkmale institutionalisiert bzw. standardisiert

Abbildung 30: Prozess-Organisation nach PWM-Erfolg (Mittelwerte)

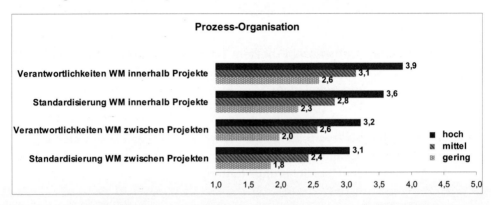

Quelle: Eigene Erhebung; N = 496, Skala 1 (trifft überhaupt nicht zu) bis 5 (trifft sehr zu); der Faktor PWM-Erfolg ist systematisch in drei paritätische Segmente unterteilt („hoch", „gering", „mittel").

Der Grad der Institutionalisierung von Verantwortlichkeiten und Vorgehensweisen ist in *kleineren Unternehmen (*bis 100 Mitarbeiter) weiter vorangeschritten als in mittleren (100 bis 500) und großen Unternehmen (über 500). Eine stärkere Ausprägung der Indikatoren der Prozess-Organisation ist auch in *externen* gegenüber *internen* Projekten festzustellen. Zudem sind zu folgenden Aspekten Zusammenhänge vorzufinden:

Je stärker die *Internationalität* der Projekte und umso aktiver das *Management*, umso stärker ist der Faktor Prozessorganisation ausgeprägt. Auch zur Existenz einer *Projektmanagement-Stelle* und zum *Standardisierungsgrad der Projektmanagement-Methodik* besteht eine positive Wirkungsrichtung.

Qualitätssicherung und Wissenspermeabilität

Die Faktoren „Qualitätssicherung" und „Wissenspermeabilität" wurden jeweils über drei Einzelindikatoren erfasst.

Der Faktor „Qualitätssicherung" bezieht sich auf die *Organisation und Systematisierung*, der *Aktualität* und der *Bewertung* bzw. der inhaltlichen und redaktionellen Pflege von Informationen und Wissen.

Der Faktor „Wissenspermeabilität" bezieht sich auf die Intensität und die Richtung des Wissensaustausches: *zwischen* und *innerhalb* von Projekten sowie *zwischen Projekten und Abteilungen* bzw. Funktionsbereichen (Linie).

Abbildung 31: **Häufigkeitsverteilungen, Mittelwerte und Standardabweichungen der Einzelindikatoren der Faktoren „Wissenspermeabilität" (oben) und „Qualitätssicherung" (unten)**

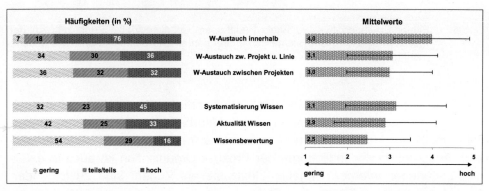

Quelle: Eigene Erhebung; N = 496, Skala 1 (trifft überhaupt nicht zu) bis 5 (trifft sehr zu); in der Häufigkeitsdarstellung sind die Ausprägungen 1 und 2 („trifft nicht zu") und 4 und 5 („trifft zu") zu einem Wert zusammengefasst.

Ein reger Wissensaustausch *innerhalb von Projekten* ist beinahe durchgängig in allen Unternehmen übliche Praxis (76%). Ein regelmäßiger Wissensaustausch *zwischen Projekten und Abteilungen* (36%) und *zwischen verschiedenen Projekten* (32%) ist nur in etwa einem Drittel der Unternehmen verbreitet.

Tabelle 10: Originalformulierung der Einzelfragen der Einflussfaktoren „Wissenspermeabilität" und „Qualitätssicherung"

Variablenlabel	Originalformulierung der Einzelfragen
W-Austausch innerhalb	Es findet Wissensaustausch innerhalb von Projekten statt
W-Austausch zwischen Projekten	Es findet Wissensaustausch zwischen verschiedenen Projekten statt
W-Austausch zw. Projekt u. Linie	Es findet Wissensaustausch zwischen Projekten und Abteilungen/ Funktionsbereichen (Linie) statt
Systematisierung Wissen	Organisation und Systematisierung von Informationen und Wissen
Aktualität Wissen	Sicherstellung der Einpflegung und Aktualität von Wissen in Systeme / Datenbanken
Wissensbewertung	Inhaltliche und redaktionelle Pflege, Wissensbewertung

Unter dem Aspekt der Qualitätssicherung findet vor allem die *Organisation und die Systematisierung von Wissen* (45%) in der Projektarbeit Beachtung. Die Sicherstellung der *Aktualität des Wissens* (33%), besonders aber die inhaltliche und redaktionelle Pflege bzw. die *Wissensbewertung* (16%) stehen in den meisten Unternehmen nicht oder nur wenig im Vordergrund ihrer Projekt-Wissensmanagement-Aktivitäten.

Betrachtet man die Indikatoren der Qualitätssicherung und der Wissenspermeabilität hinsichtlich des Kriteriums PWM-Erfolg, lässt sich in beiden Fällen ein linearer Zusammenhang zwischen der Intensität der Merkmale und des Erfolgsgrades des Projektwissensmanagement feststellen.

Unter den Variablen der Wissenspermeabilität ist der stärkste Zusammenhang zu PWM-Erfolg beim *Wissensaustausch zwischen verschiedenen Projekten* gegeben. Bei den Indikatoren der Qualitätssicherung ist der Zusammenhang zwischen *Systematisierung von Wissen* und PWM-Erfolg am stärksten ausgeprägt.

60

Abbildung 32: Qualitätssicherung und Wissenspermeabilität nach PWM-Erfolg (Mittelwerte)

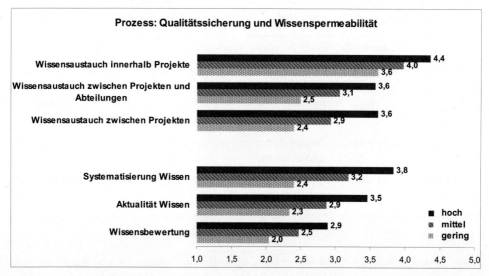

Quelle: Eigene Erhebung; N = 496, Skala 1 (trifft überhaupt nicht zu) bis 5 (trifft sehr zu); der Faktor PWM-Erfolg ist systematisch in drei paritätische Segmente unterteilt („hoch", „gering", „mittel").

Bei beiden Faktoren, Qualitätssicherung und Wissenspermeabilität, sind Zusammenhänge zur *Unternehmensgröße* und zur *Rolle des Top-Managements* vorzufinden: In kleineren Unternehmen ist sowohl die Qualitätssicherung als auch Wissenspermeabilität stärker ausgeprägt als in mittleren und großen Unternehmen. Nimmt das Top-Management eine aktive Rolle beim Wissensmanagement ein, ist durchschnittlich eine deutlich stärkere Wissenspermeabilität und ein wesentlich stärkerer Einsatz von Instrumenten zur Qualitätssicherung zu beobachten.

2.6.2 Gestaltungsfeld Kultur und Führung

Abbildung 33: Übersicht: Einflussfaktoren auf erfolgreiches Projektwissensmanagement

Das Gestaltungsfeld „Kultur und Führung" ist aus den folgenden fünf Faktoren gebildet:

- Der Faktor **Freiräume** umfasst die Intensität der Handlungsoptionen der Projektmitarbeiter: Wie hoch ist die *Handlungs- und Entscheidungsautonomie*, können Probleme unabhängig von *Hierarchien* angegangen werden, wie hoch ist das Maß an *Eigeninitiative*, welche Unterstützung erfährt die *Mitarbeiterkreativität* und wie stark prägen *Regeln und Anweisungen* den Projektalltag.

- **Fehlerkultur** ist operationalisiert über den *offenen Umgang mit Fehlern* und der Bereitschaft, *für Fehler Verantwortung zu übernehmen*.

- **Vertrauen und Partizipation** beschreibt bestimmte Aspekte der Atmosphäre in der Projektarbeit wie den Grad der *Vorsicht* und des *Misstrauens*, der *Verlässlichkeit*, der *Hilfsbereitschaft* oder das Maß des *Vorbehalts*, auf Wissensträger zuzugehen.

- **Informelle Kommunikation** meint den Wissensaustausch *außerhalb formalisierter Wege*, die Unterstützung dieser Kommunikationsform durch das *Unternehmen*, die Existenz *informeller Treffen auf Teamebene* und *Runden zu speziellen Themen* mit dem Ziel des Wissensaustausches.

- **Gemeinsames Nutzenverständnis** zielt auf die von den Mitarbeitern geteilte Überzeugung, dass Wissen einerseits ein wichtiger *Wettbewerbsvorteil des Unternehmens* sein kann und andererseits für *jeden einzelnen von Nutzen* ist. Zudem wird mit diesem Faktor erfasst, inwieweit dieses *Nutzenverständnisses* über Workshops und Seminaren aktiv vermittelt wird.

2.6.2.1 Einflussfaktoren im Gestaltungsfeld „Kultur und Führung"

In der Abbildung unten sind die Faktoren des Gestaltungsfeldes „Kultur und Führung" in Beziehung zum Faktor PWM-Erfolg gestellt. Der Faktor „PWM-Erfolg" und die Faktoren des Bereichs Kultur wurden hierfür systematisch nach ihrem jeweiligen Erfüllungsgrad in drei paritätische Segmente geteilt, d.h. das Drittel der Fälle mit der geringsten Ausprägung wurde dem Segment „gering", das Drittel mit der höchsten Ausprägung dem Segment „hoch" und das dazwischen liegende Drittel dem Segment „mittel" zugeordnet.

Abbildung 34: Zusammenhang des Faktors PWM-Erfolg und der Einflussfaktoren des Gestaltungsfeldes „Kultur und Führung"

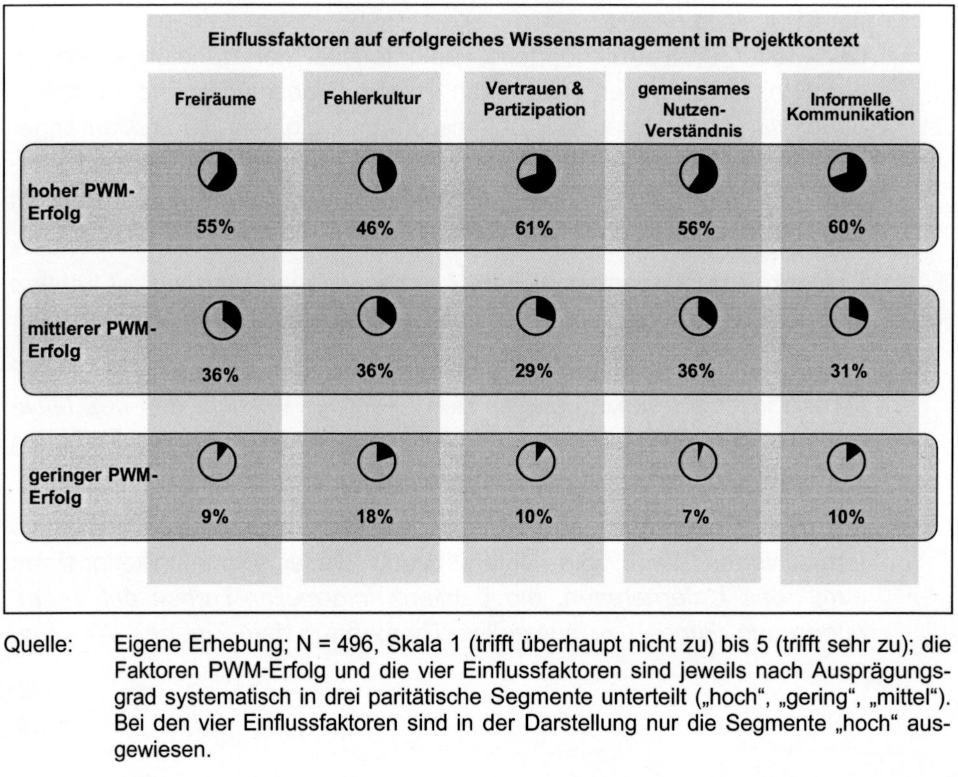

Quelle: Eigene Erhebung; N = 496, Skala 1 (trifft überhaupt nicht zu) bis 5 (trifft sehr zu); die Faktoren PWM-Erfolg und die vier Einflussfaktoren sind jeweils nach Ausprägungsgrad systematisch in drei paritätische Segmente unterteilt („hoch", „gering", „mittel"). Bei den vier Einflussfaktoren sind in der Darstellung nur die Segmente „hoch" ausgewiesen.

In der Darstellung sind für die Einflussfaktoren aus dem Bereich Kultur und Führung lediglich die Segmente „hoch" berücksichtigt.

Bei allen Faktoren des Gestaltungsfeldes Kultur ist ein Zusammenhang zum Grad des PWM-Erfolges vorzufinden. Am stärksten ist dieser bei den Faktoren *Vertrauen & Partizipation* und *Informelle Kommunikation* gegeben. Etwa 60% der Firmen, bei denen diese Faktoren hoch ausgeprägt sind, weisen einen hohen PWM-Erfolg auf. Am schwächsten ausgeprägt ist der Zusammenhang zum Faktor *Fehlerkultur:* Firmen mit hohem PWM-Erfolg haben lediglich zu 46% auch eine hohe Fehlerkultur.

2.6.2.2 Einzelindikatoren des Gestaltungsfeldes „Kultur und Führung"

Faktoren „Freiräume" und „Fehlerkultur"

Mit dem Faktor „Freiräume" sind die möglichen Handlungsfreiheiten der Mitarbeiter in den Projekten umschrieben, mit dem Faktor „Fehlerkultur" der verantwortliche und offene Umgang mit entstandenen Fehlern in Projekten.

Abbildung 35: Häufigkeitsverteilungen, Mittelwerte und Standardabweichungen der Einzelindikatoren der Einflussfaktoren „Freiräume" (oben) und „Fehlerkultur" (unten)

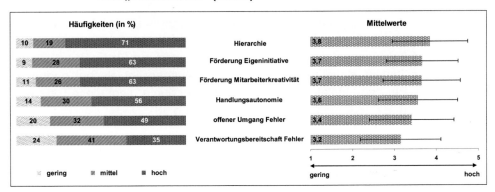

Quelle: Eigene Erhebung; N = 496, Skala 1 (trifft überhaupt nicht zu) bis 5 (trifft sehr zu); in der Häufigkeitsdarstellung sind die Ausprägungen 1 und 2 („trifft nicht zu") und 4 und 5 („trifft zu") zu einem Wert zusammengefasst.

In den meisten der befragten Unternehmen besteht für die Mitarbeiter die Möglichkeit, Probleme unabhängig von *hierarchischen Strukturen* zuerst dort anzusprechen, wo Sie auftreten (71%). Zudem werden nach Einschätzung von fast zwei Drittel der Befragten die *Eigeninitiative* und die *Kreativität* der Mitarbeiter unterstützt (63%). Ein sehr hohes oder hohes Maß an *Handlungsautonomie* findet sich in mehr als der Hälfte der Unternehmen (56%).

Problematischer ist der *Umgang mit Fehlern*, der in knapp der Hälfte der Unternehmen (49%) als offen bezeichnet wird. Die Bereitschaft, für Fehler auch die *Verantwortung zu übernehmen*, ist nur noch in 35% der Fälle gegeben.

Tabelle 11: **Originalformulierung der Einzelfragen der Einflussfaktoren „Freiräume" und „Fehlerkultur**

Variablenlabel	Originalformulierung der Einzelfragen
Handlungsautonomie	Mitarbeitern wird ein hohes Maß an Handlungs- und Entscheidungsautonomie gewährt
Hierarchie	Probleme werden unabhängig von der Hierarchie zuerst dort angesprochen, wo sie auftreten
Förderung Eigeninitiative	Projektleiter fördern ein hohes Maß an Eigeninitiative der Mitarbeiter
Förderung Mitarbeiterkreativität	Mitarbeiterkreativität wird in Projekten unterstützt
offener Umgang Fehler	Mit Fehlern wird offen umgegangen
Verantwortungsbereitschaft Fehler	Es besteht die Bereitschaft, die Verantwortung für Fehler zu übernehmen

Alle Indikatoren der Faktoren „Freiräume" und „Fehlerkultur" weisen einen Zusammenhang zum PWM-Erfolg auf. Bei hohem PWM-Erfolg ist ein *offener Umgang mit Fehlern* und die Bereitschaft, *Verantwortung für Fehler* zu übernehmen, um jeweils einen Skalenpunkt höher ausgeprägt als bei geringem PWM-Erfolg. Bei den Indikatoren des Faktors „Freiräume" liegt diese Differenz zwischen 0,6 und 0,8 Skalenpunkten (vgl. Abbildung 36).

Individuelle Gestaltungsfreiräume und vor allem eine positive Fehlerkultur sind in kleineren Unternehmen (bis 100 Mitarbeiter) bei weitem stärker ausgeprägt, als in mittleren (100 bis 500) oder großen Unternehmen (über 500). Wie auch bei allen weiteren Einflussfaktoren des Gestaltungsfeldes Kultur wirkt sich eine aktive Rolle des Managements deutlich positiv aus.

Ein differenzierter Blick auf die verschiedenen Branchen ergibt, dass in der Bauindustrie individuelle Freiräume und eine Fehlerkultur am stärksten umgesetzt sind, im Finanzsektor und in Unternehmen aus dem Bereich Transport, Verkehr und Logistik am wenigsten.

Abbildung 36: Freiräume und Fehlerkultur nach PWM-Erfolg (Mittelwerte)

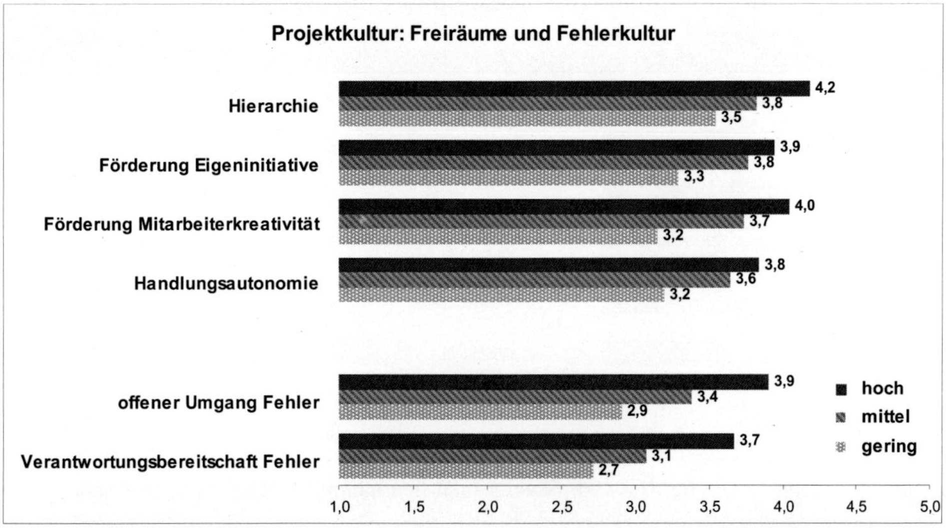

Projektkultur: Freiräume und Fehlerkultur

Hierarchie 4,2 / 3,8 / 3,5
Förderung Eigeninitiative 3,9 / 3,8 / 3,3
Förderung Mitarbeiterkreativität 4,0 / 3,7 / 3,2
Handlungsautonomie 3,8 / 3,6 / 3,2
offener Umgang Fehler 3,9 / 3,4 / 2,9
Verantwortungsbereitschaft Fehler 3,7 / 3,1 / 2,7

hoch / mittel / gering

Quelle: Eigene Erhebung; N = 496, Skala 1 (trifft überhaupt nicht zu) bis 5 (trifft sehr zu); der Faktor PWM-Erfolg ist systematisch in drei paritätische Segmente unterteilt („hoch", „gering", „mittel").

Faktor „Vertrauen und Partizipation"

Der Faktor „Vertrauen und Partizipation" bezieht sich auf den offenen und vorbehaltlosen Umgang der Projektmitarbeiter untereinander.

In den meisten der befragten Unternehmen ist die Projektarbeit durch ein Klima des *gegenseitigen Vertrauens* (62%) und einer *Absenz von Misstrauen* (64%) geprägt. Auch gibt es zumeist keine *Vorbehalte* unter den Mitarbeitern, auf Wissensträger zuzugehen, um Wissen auszutauschen (54%).

Allerdings kann man sich in nur einem Viertel der Unternehmen (26%) darauf verlassen, dass vollständiges *Wissen weitergegeben* wird, in 39% dagegen nicht.

Abbildung 37: Häufigkeitsverteilungen, Mittelwerte und Standardabweichungen der Einzelindikatoren des Einflussfaktors „Vertrauen und Partizipation"

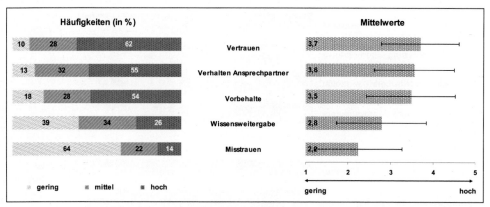

Quelle: Eigene Erhebung; N = 496, Skala 1 (trifft überhaupt nicht zu) bis 5 (trifft sehr zu); in der Häufigkeitsdarstellung sind die Ausprägungen 1 und 2 („trifft nicht zu") und 4 und 5 („trifft zu") zu einem Wert zusammengefasst.

Tabelle 12: Originalformulierung der Einzelfragen Einflussfaktors „Vertrauen und Partizipation"

Variablenlabel	Originalformulierung der Einzelfragen
Vertrauen	Die Zusammenarbeit innerhalb von Projektteams ist durch gegenseitiges Vertrauen geprägt
Misstrauen	Vorsicht und gegenseitiges Misstrauen sind in unseren Projekten verbreitet
Wissensweitergabe	Man kann sich darauf verlassen, dass vollständiges Wissen weitergegeben wird
Verhalten Ansprechpartner	Ansprechpartner helfen gerne weiter und nehmen sich Zeit
Vorbehalte	Es bestehen keine Vorbehalte unter den Mitarbeitern auf Wissensträger zuzugehen, um Wissen auszutauschen

Eine differenzierte Betrachtung zeigt, dass der Indikator *Wissensweitergabe* am stärksten mit PWM-Erfolg korreliert. Bei hohem PWM-Erfolg ist das Maß der Wissensweitergabe um 1,2 Skalenpunkte höher ausgeprägt als bei geringem PWM-Erfolg. Bei den weiteren Indikatoren des Faktors „Freiräume" liegt diese Differenz zwischen 0,8 und 1,1 Skalenpunkten.

Abbildung 38: „Vertrauen und Partizipation" nach PWM-Erfolg (Mittelwerte)

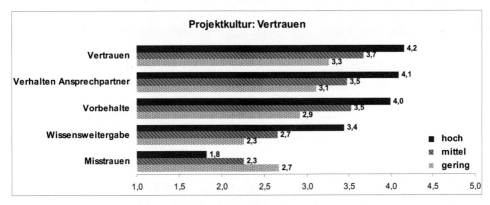

Quelle: Eigene Erhebung; N = 496, Skala 1 (trifft überhaupt nicht zu) bis 5 (trifft sehr zu); der Faktor PWM-Erfolg ist systematisch in drei paritätische Segmente unterteilt („hoch", „gering", „mittel").

Alle Indikatoren des Faktors „Vertrauen" sind in kleinen Unternehmen deutlich stärker ausgeprägt als in mittleren und großen. Ein vorbehaltloser und offener Umgang der Mitarbeiter untereinander ist am ehesten in der Beratungsbranche zu finden, am wenigsten in Unternehmen des Finanzdienstleistungssektors.

Einflussfaktoren „informelle Kommunikation" und „Gemeinsames Nutzenverständnis"

Abbildung 39: Häufigkeitsverteilungen, Mittelwerte und Standardabweichungen der Einzelindikatoren der Einflussfaktoren „informelle Kommunikation" (oben) und „Gemeinsames Nutzenverständnis" (unten)

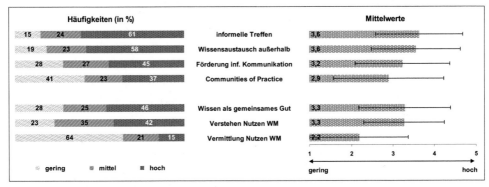

Quelle: Eigene Erhebung; N = 496, Skala 1 (trifft überhaupt nicht zu) bis 5 (trifft sehr zu); in der Häufigkeitsdarstellung sind die Ausprägungen 1 und 2 („trifft nicht zu") und 4 und 5 („trifft zu") zu einem Wert zusammengefasst.

Die Teilaspekte der „informellen Kommunikation", d.h. des Wissensaustausches *jenseits formalisierter Abläufe*, kommen in den befragten Unternehmen in unterschiedlichem Maße zur Geltung. *Informelle Treffen* auf Teamebene (61%) und der Wissensaustausch *außerhalb formaler Dienstwege* (58%) sind in der deutlichen Mehrheit der Unternehmen zu finden. Aktivitäten der *informellen Kommunikation* insgesamt werden von 45% der Unternehmen unterstützt, von 28% dagegen wenig oder gar nicht. *Runden zu speziellen Themen* mit dem Ziel des Wissensaustausches wie z.B. Communities of Practice sind nur in der Minderheit der Unternehmen zu finden (37%).

Tabelle 13: **Originalformulierung der Einzelfragen der Einflussfaktoren „informelle Kommunikation" und „Gemeinsames Nutzenverständnis"**

Variablenlabel	Originalformulierung der Einzelfragen
Wissensaustausch außerhalb	Es findet Wissensaustausch außerhalb formaler Dienstwege statt
Förderung inf. Kommunikation	Informelle Kommunikation zwischen Mitarbeitern wird durch das Unternehmen unterstützt
informelle Treffen	Es finden informelle Treffen auf Teamebene statt
Communities of Practice	Es gibt Runden zu speziellen Themen mit dem Ziel des Wissensaustauschs (z.B. Communities of Practice)
Wissen als gemeinsames Gut	„Wissen wird als privates Gut gesehen" vs. „Wissen wird als gemeinsamer Wettbewerbsvorteil des Unternehmens gesehen"
Vermittlung Nutzen WM	Wir vermitteln den Unternehmens- und persönlichen Nutzen von Wissensmanagement in Seminaren und Workshops
Verstehen Nutzen WM	Der persönliche Nutzen des Wissensaustauschs wird von den Beteiligten verstanden

Alle Indikatoren des Faktors „Nutzenverständnis", d.h. die gemeinsame geteilte Überzeugung vom Wert des Wissens und des Wissensaustauschs, werden von weniger als der Hälfte der befragten Unternehmen als gegeben eingeschätzt. Am weitesten verbreitet ist die Überzeugung, dass Wissen ein *gemeinsames Gut* sei und einen Wettbewerbsvorteil des Unternehmens darstelle (46%). In 42% der Unternehmen wird auch der *persönliche Nutzen* des Wissensaustausches von den Beteiligten gesehen. In nur 15% der Unternehmen wird aktiv *in Seminaren oder in Workshops* der Nutzen und Zweck von Wissensmanagement für das Unternehmen und jeden einzelnen Mitarbeiter *vermittelt*. In fast zwei Drittel der Unternehmen gibt es hierzu wenige oder keine Aktivitäten.

Der Zusammenhang zum PWM-Erfolg ist am stärksten ausgeprägt (im nachfolgenden Diagramm abzulesen über die größte Differenz zwischen hohem und geringem PWM-Erfolg) bei den Aspekten *informelle Treffen*, *Wissen als gemeinsames Gut* und der expliziten Durchführung von Seminaren und Workshops zur *Vermittlung des Nutzens von Wissensmanagement*. Am schwächsten ist der Zusammenhang zum Aspekt des *Wissensaustauschs außerhalb* formaler Dienstwege ausgebildet.

Abbildung 40: „Informelle Kommunikation" und „Gemeinsames Nutzenverständnis" nach PWM-Erfolg (Mittelwerte)

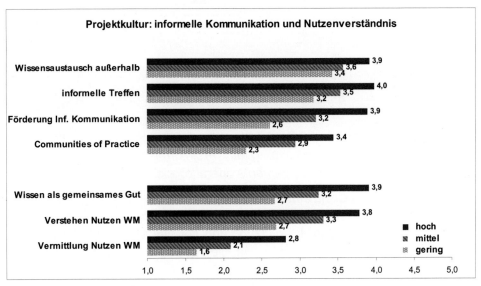

Quelle: Eigene Erhebung; N = 496, Skala 1 (trifft überhaupt nicht zu) bis 5 (trifft sehr zu); PWM-Erfolg ist systematisch in die drei paritätischen Segmente „gering", „mittel", „hoch" eingeteilt.

Auch hier ist bei beiden Faktoren der bereits bekannte Zusammenhang zur Unternehmensgröße gegeben, d.h. in kleinen Unternehmen ist sowohl die informelle Kommunikation als auch das gemeinsame Nutzenverständnis stärker ausgeprägt als in mittleren oder großen Unternehmen.

Ein gemeinsames Nutzenverständnis und mit Abstrich auch eine funktionierende informelle Kommunikation ist am ehesten in Unternehmen der Beratungsbranche, am wenigsten in Unternehmen des Finanzsektors sowie in der Maschinenbaubranche vorzufinden.

2.6.3 Gestaltungsfeld Organisation

Abbildung 41: Übersicht: Einflussfaktoren auf erfolgreiches Projektwissensmanagement

Das Gestaltungsfeld Organisation ist über die vier Faktoren *Controlling*, *Rolle des Managements*, *Standardisierung der Projektmanagement-Methodik* und *Organisation des Wissensmanagements* operationalisiert:

- Das Konstrukt **Controlling/Messung** zielt auf die Messung der Aktivitäten zum Projektwissensmanagement wie die Messung der *Zielerreichung*, die Messung der *Nutzung* und der *Nutzungsintensität* der Wissensmanagementsysteme sowie die Messung der *Zufriedenheit* der Nutzer.

- **Rolle des Managements** beleuchtet die aktive Rolle des *Top-Managements* und die der *Projektleitung* bei der Förderung und Einforderung zur Beteiligung am Wissensmanagement im Projektkontext.

- **Projektmanagement-Methodik** (PM-Methodik) hat den Grad der *Standardisierung* und *Institutionalisierung* der Projektmanagementmethoden und den Umfang der spezifischen *Qualifizierung* der Mitarbeiter im Fokus.

- **Organisation des Wissensmanagements** (Organisation WM) bezieht sich auf die organisatorischen Grundlagen, auf denen die Wissensmanagement-Aktivitäten beruhen wie die Existenz einer *übergeordneten Stelle* bzw. Funktion für Wissensmanagement, der *Definition klarer Ansprechpartner* und der systematischen Möglichkeit zur *Identifizierung von Experten* und Wissensträgern.

2.6.3.1 Einflussfaktoren im Gestaltungsfeld „Organisation"

In Unternehmen mit hohem Projektwissensmanagement-Erfolg nimmt das *Management* in den überwiegenden Fällen (63%) eine aktive oder sogar sehr aktive Rolle ein. In diesen Unternehmen liegt mehrheitlich auch ein *hoher Organisationsgrad* des Wissensmanagements (61%) und ein institutionalisiertes *Messsystem* für Wissensmanagement-Aktivitäten vor (54%). Vergleichsweise unterdurchschnittlich ausgeprägt ist die *Standardisierung der Projektmanagement Methodik* (45%).

Abbildung 42: Zusammenhang von PWM-Erfolg und der Faktoren des Gestaltungsfeldes Organisation

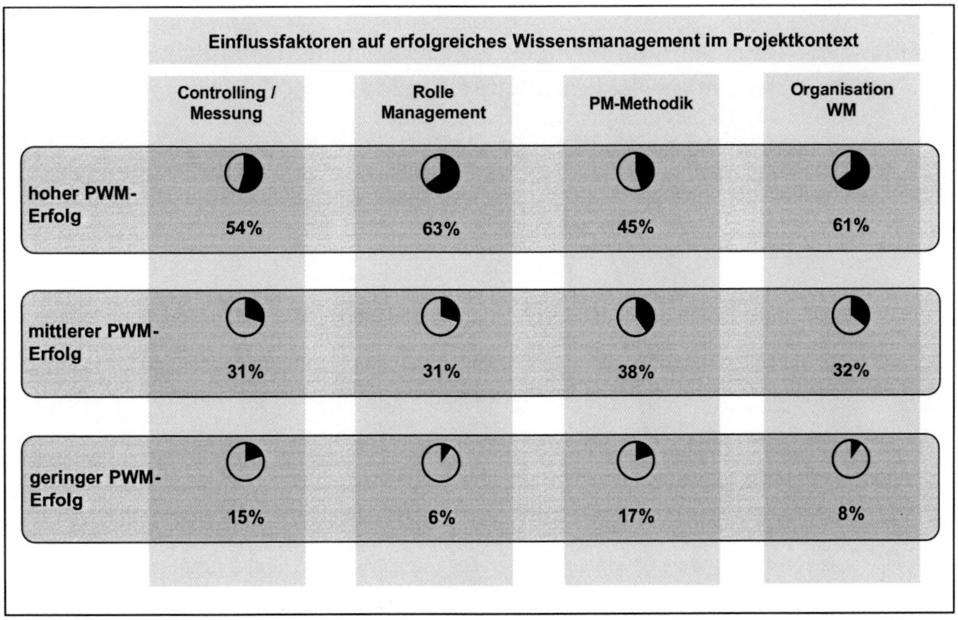

Quelle: Eigene Erhebung; N = 496, Skala 1 (trifft überhaupt nicht zu) bis 5 (trifft sehr zu); die Faktoren PWM-Erfolg und die vier Einflussfaktoren sind jeweils nach Ausprägungsgrad systematisch in drei paritätische Segmente unterteilt („hoch", „gering", „mittel"). Bei den vier Einflussfaktoren sind in der Darstellung nur die Segmente „hoch" ausgewiesen.

2.6.3.2 Einzelindikatoren des Gestaltungsfeldes „Organisation"

Controlling/Messung

Controlling im Sinne der Messung der Aktivitäten zum Projektwissensmanagement wird in den befragten Unternehmen kaum eingesetzt. Alle vier hierzu befragten Aspekte kommen in mindestens 75% der Unternehmen nicht zur Anwendung.

Von gerade einmal 12% wird die *Zufriedenheit der Nutzer* noch am häufigsten gemessen, von jeweils 5% am seltensten die *Nutzungsintensität* des Wissensmanagements über Kennzahlen und die *Erreichung der Ziele* des Wissensmanagements.

Abbildung 43: **Häufigkeitsverteilungen, Mittelwerte und Standardabweichungen des Einflussfaktors „Controlling/Messung"**

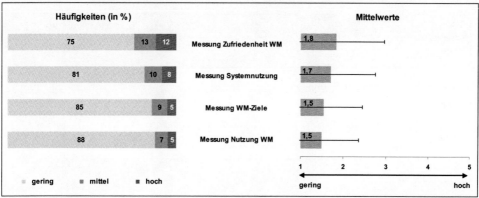

Quelle: Eigene Erhebung; N = 496, Skala 1 (trifft überhaupt nicht zu) bis 5 (trifft sehr zu); in der Häufigkeitsdarstellung links sind die Ausprägungen 1 und 2 („trifft nicht zu") und 4 und 5 („trifft zu") zu einem Wert zusammengefasst.

Tabelle 14: **Originalformulierung der Einzelfragen des Einflussfaktors „Controlling/Messung"**

Variablenlabel	Originalformulierung der Einzelfragen
Messung WM-Ziele	Wir messen die Erreichung der Wissensmanagement-Ziele
Messung Nutzung WM	Wir messen die Nutzungsintensität des Wissensmanagements über Kennzahlen
Messung Zufriedenheit	Wir befragen die Nutzer des Wissensmanagement nach ihrer Zufriedenheit
Messung Systemnutzung	Wir messen die Systemnutzung

Dabei sind zwischen den einzelnen Indikatoren des Faktors Controlling und PWM-Erfolg nicht unerhebliche Zusammenhänge feststellbar. In Unternehmen, die die Zufriedenheit der Nutzer systematisch erfassen, liegt der Grad des PWM-Erfolgs um 1,3 Skalenpunkte höher, als in Unternehmen, die zu diesem Zweck keine Aktivitäten vorweisen. Ähnliche Tendenzen, wenngleich nicht mit derart hohen Differenz-Werten, finden sich auch bei den Controlling-Instrumenten *Messung der Wissensmanagement-Ziele* (Differenz: 0,9 Skalen-punkte), Messung der *Nutzung des Wissensmanagements* (0,8) und Messung der *Nutzung der Wissensmanagement-Systeme* (0,7).

Abbildung 44: Indikatoren des Faktors Controlling und Messung nach PWM-Erfolg (Mittelwerte)

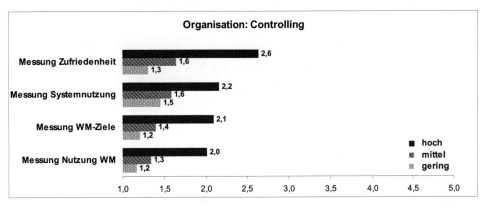

Quelle: Eigene Erhebung; N = 496, Skala 1 (trifft überhaupt nicht zu) bis 5 (trifft sehr zu); PWM-Erfolg ist systematisch in die drei paritätischen Segmente „gering", „mittel", „hoch" eingeteilt.

Instrumente zur Messung der Aktivitäten zum Projektwissensmanagement werden am häufigsten in Unternehmen der Branchen Pharma/Chemie und Beratung und am wenigsten im Finanzsektor sowie im Maschinenbau einge-setzt.

Projektmanagement-Methodik und Rolle des Managements

PM-Methodik hat den Grad der *Standardisierung* der Projektmanagementme-thoden und die diesbezügliche *Qualifizierung* der Mitarbeiter im Fokus.

Am weitesten vorangeschritten ist die *Standardisierung der Projektmanage-ment-Methodik*, die in 57% der Unternehmen realisiert ist. In 45% der Fälle kommt diese *Methodik in allen Projekten* zur Anwendung, in 30% ist diese

Durchgängigkeit wenig oder nicht gegeben. Zum überwiegenden Teil sind die Projektbeteiligten (Mitarbeiter und Projektleiter) nicht speziell in Bezug auf Projektmanagement geschult (39%), eine entsprechende Qualifizierung findet sich in 31% der Unternehmen.

Abbildung 45: Häufigkeitsverteilungen, Mittelwerte und Standardabweichungen der Einzelindikatoren der Faktoren „PM-Methodik" (oben) und „Rolle des Managements" (unten)

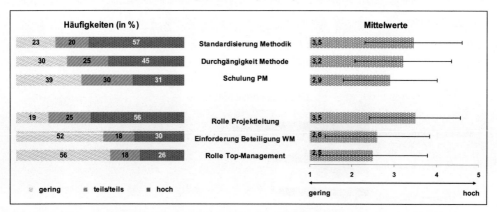

Quelle: Eigene Erhebung; N = 496, Skala 1 (trifft überhaupt nicht zu) bis 5 (trifft sehr zu); in der Häufigkeitsdarstellung sind die Ausprägungen 1 und 2 („trifft nicht zu") und 4 und 5 („trifft zu") zu einem Wert zusammengefasst.

Tabelle 15:   Originalformulierung der Einzelfragen der Einflussfaktoren „„PM-Methodik" und „Rolle des Managements"

Variablenlabel	Originalformulierung der Einzelfragen
Standardisierung Methodik	Die Projektmanagementmethodik ist standardisiert
Durchgängigkeit Methodik	Die Projektmanagementmethodik wird in allen Projekten angewandt
Schulung PM	Alle Projektbeteiligten (Mitarbeiter/Projektleiter) sind bezüglich Projektmanagement geschult
Einforderung Beteiligung WM	Die Beteiligung am Wissensmanagement wird im Unternehmen eingefordert
Rolle Top-Management	Das Top-Management nimmt beim Wissensmanagement eine aktive Rolle ein
Rolle Projektleitung	Die Projektleitung nimmt beim Wissensmanagement eine aktive Rolle ein

Die **Rolle des Managements** bei der Förderung des Wissensmanagements im Projektkontext unterscheidet sich deutlich nach hierarchischem Status: Während die *Projektleiter* beim Wissensmanagement überwiegend eine aktive bis sehr aktive Rolle einnehmen (56%), ist dies beim *Top-Management* nur zu etwa einem Viertel der Fall (26%). Auch eine Unternehmensstrategie, die die *Beteiligung am Wissensmanagement einfordert*, findet sich in nur 30% der Unternehmen.

Eine zentrale Rolle für ein erfolgreiches Projektwissensmanagement aber scheint das *Top-Management* zu spielen. In Unternehmen, in denen das Top-Management eine aktive Rolle einnimmt, liegt der Grad des PWM-Erfolgs um 1,9 Skalenpunkte (!) höher, als in Unternehmen, in denen dieses keine oder wenig Initiative zeigt. Wird eine Beteiligung am Wissensmanagement *vom Unternehmen eingefordert*, liegt die Differenz im Gegensatz zu den Unternehmen, die hierzu keine eigene Strategie verfolgen, immer noch bei 1,6 Skalenpunkten. Bei aktiven versus inaktiven Projektleitern beträgt diese Differenz 1,3 Skalenpunkte.

Abbildung 46: Indikatoren der Faktoren „PM-Methodik" (oben) und „Rolle Management" (unten) nach PWM-Erfolg (Mittelwerte)

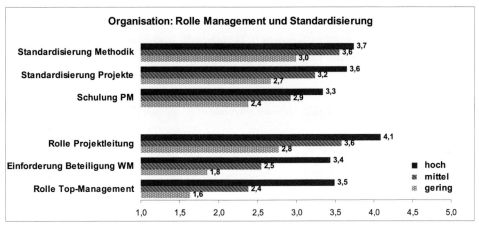

Quelle: Eigene Erhebung; N = 496, Skala 1 (trifft überhaupt nicht zu) bis 5 (trifft sehr zu); PWM-Erfolg ist systematisch in die drei paritätischen Segmente „gering", „mittel", „hoch" eingeteilt.

Zwischen der Unternehmensgröße und der Rolle des Managements besteht – anders als bei der Standardisierung der Projektmanagement-Methodik – ein starker Zusammenhang: In kleinen Unternehmen nimmt das Management, und hier vor allem das Top-Management, eine deutlich aktivere Rolle als in mittleren und großen Unternehmen ein, wobei diese Aktivitäten am ehesten in externen Kundenprojekten vorzufinden sind.

Die Standardisierung der PM-Methodik ist am weitesten in den Branchen Pharma/Chemie und Transport, Verkehr und Logistik fortgeschritten. Die Unternehmen mit dem aktivsten Management stammen aus den Bereichen Beratung und Bauindustrie.

Organisation des Wissensmanagements

Die Organisation des Wissensmanagements, d.h. die Institutionalisierung klarer Verantwortlichkeiten, ist bei den meisten der befragten Parametern nur schwach in der Unternehmenspraxis ausgeprägt.

Einzig dem Aspekt der *Definition klarer Ansprechpartner* für bestimmte Themenbereiche wird in der Mehrheit der befragten Unternehmen Rechnung getragen (55%). In nur 29% der Fälle gibt es dagegen eine *Stelle bzw. Funktion*, die sich mit dem Management von Projektwissen beschäftigt. Die *Identifizierung von Experten und Wissensträgern im Unternehmen* über die vorhandenen Systeme wie z.B. Datenbanken und Intranet ist in etwa einem Viertel der befragten Unternehmen möglich (23%).

Abbildung 47: Häufigkeitsverteilungen, Mittelwerte und Standardabweichungen des Einflussfaktors „Organisation WM"

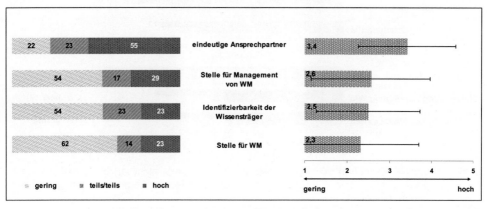

Quelle: Eigene Erhebung; N = 496, Skala 1 (trifft überhaupt nicht zu) bis 5 (trifft sehr zu); in der Häufigkeitsdarstellung sind die Ausprägungen 1 und 2 („trifft nicht zu") und 4 und 5 („trifft zu") zu einem Wert zusammengefasst.

Tabelle 16: Originalformulierung der Einzelfragen des Einflussfaktors „Organisation WM"

Variablenlabel	Originalformulierung der Einzelfragen
Stelle für WM	Unser Unternehmen hat eine übergeordnete Stelle / Funktion für Wissensmanagement
Stelle für Management von WM	Es gibt eine Stelle / Funktion, die sich mit dem Management von Projektwissen beschäftigt
Identifizierbarkeit Wissensträger	Durch unsere Systeme (Datenbanken, Intranet) lassen sich Experten und Wissensträger im Unternehmen leicht identifizieren
eindeutige Ansprechpartner	Für bestimmte Themenfelder sind klare Ansprechpartner definiert

Eine differenzierte Analyse der Indikatoren des Faktors „Organisation des Wissensmanagements" zeigt, dass eine organisatorische Institutionalisierung von Wissensmanagement vor allem in den Unternehmen zu finden ist, die einen hohen PWM-Erfolgsgrad aufweisen (vgl. Abbildung 48).

Abbildung 48: Indikatoren des Faktors „Organisation WM" nach PWM-Erfolg (Mittelwerte)

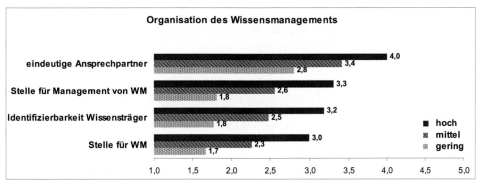

Quelle: Eigene Erhebung; N = 496, Skala 1 (trifft überhaupt nicht zu) bis 5 (trifft sehr zu); PWM-Erfolg ist systematisch in die drei paritätischen Segmente „gering", „mittel", „hoch" eingeteilt.

Die Branchen mit dem deutlich höchsten Organisationsgrad des Wissensmanagements sind in – der Reihenfolge der Ausprägung – Bauindustrie, Beratung und Automobilindustrie. Weit unterdurchschnittliche Werte liegen vor in den Bereichen Finanzdienstleistung, Maschinenbau sowie Transport, Verkehr und Logistik.

Auch hier wird deutlich sichtbar, dass der Organisationsgrad des Wissensmanagements stark von einer aktiven Rolle des Top-Managements abhängig ist.
Wie bei vielen anderen Indikatoren auch weist die Organisation des Wissensmanagements in externen Kundenprojekten ein höheres Niveau auf als in
externen Projekten.

Organisation der Projekte

Die Projektarbeit in den befragten Unternehmen ist zu über 50% in der Weise
organisiert, dass zum einen eine *übergeordnete Stelle zur Projektunterstützung* wie z.B. ein Projektmanagement-Büro bzw. Office existiert und zum
anderen ein *Pool von Projektleitern oder Projektmanagern* zur Verfügung steht,
die hauptamtlich die administrative Leitung der Projekte innehaben.

Abbildung 49: Projektorganisation und Professionalität der Projektleiter

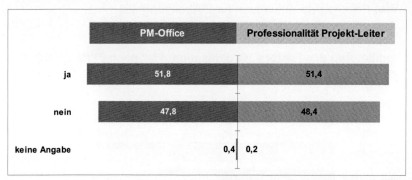

Quelle: Eigene Erhebung; N = 496; originale Fragenformulierungen: „Es gibt eine übergeordnete Stelle zur Projektunterstützung (z.B. PM-Büro/Office)" (PM-Office) und „Es gibt
einen Pool von Projektleitern bzw. Projektmanagern, die hauptamtlich die administrative Projektleitung durchführen" (Professionalität Projekt-Leiter); Antwortvorgaben:
„ja", „nein".

2.6.4 Gestaltungsfeld IT und Systeme

Das Gestaltungsfeld „IT und Systeme" ist unterteilt in die drei Faktoren *Wissensmanagement-Systeme/Kommunikations-Systeme, Systemqualität* und *Wissenstransfer.*

Abbildung 50: Übersicht: Einflussfaktoren auf erfolgreiches Projektwissensmanagement

- Der Faktor **Wissensmanagement-Systeme/IT** (WM-Systeme/IT) dient als Indikator für die Frage, welche Systeme bzw. welche Instrumente des Wissensmanagements in welcher Intensität zum Einsatz kommen. Das sind zum einen Kommunikationssysteme der *interaktiven Zusammenarbeit* wie Net-Meeting und Team-Rooms oder Werkzeuge zur *multidirektionalen Kommunikation* wie Foren oder Wikis. Zum anderen sind das *Projektablagen* wie E-Rooms oder Dokumentenmanagement, *Experten- und Kompetenzdatenbanken*, *Datenbanken mit Lesson Learned und Erfahrungsdokumentationen*, *zentrale Ablagen von Fachwissen* wie Normen, Standards, Studien oder Literatur und schließlich *Angebotsdatenbanken.*

- Der Faktor **Systemqualität** beleuchtet die Zweckmäßigkeit und Benutzerfreundlichkeit der eingesetzten Wissensmanagement-Systeme hinsichtlich ihrer übersichtlichen *Strukturierung*, *Einfachheit* der Handhabung, der alltäglichen *Nutzung*, der Funktionalität bezüglich des *Speicherns*, *Suchens* und des *Verteilens* von Wissen in der Projektarbeit.

- Der Faktor **Wissenstransfer** misst die Intensität des Wissensaustauschs über Systeme und Personen. Unter Systemen ist zu verstehen die *Dokumentation anderer Projekte*, *Datenbanken* über Kunden, Wettbewerbern, Technologie, *Lessons Learned anderer Projekte*, *Methodik-Leitfäden* und Vorlagen. Wissensaustausch über Personen umfasst das Ansprechen von *persönlich bekannten* sowie *persönlich nicht bekannten* Kollegen sowie *projektübergreifende Treffen* bzw. Projektleitertreffen.

2.6.4.1 Einflussfaktoren im Gestaltungsfeld „IT und Systeme"

Die *Qualität* der Wissensmanagement-Systeme weist einen hochsignifikanten Zusammenhang zum PWM-Erfolg auf: In 69% der Unternehmen, in denen die Qualität der Systeme hoch ist, liegt auch ein hoher PWM-Erfolg vor. In abgeschwächter Form ist dieser Zusammenhang auch bei den Faktoren *WM-Systeme* und *Wissenstransfer* vorhanden.

Abbildung 51: Zusammenhang von PWM-Erfolg und den Faktoren des Gestaltungsfeldes „IT und Systeme"

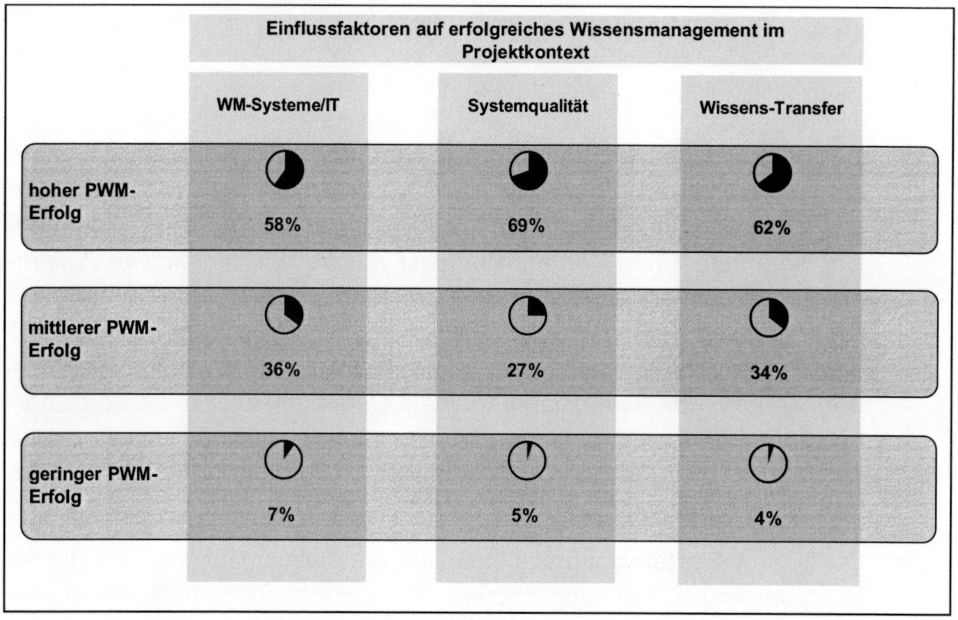

Quelle: Eigene Erhebung; N = 496, Skala 1 (trifft überhaupt nicht zu) bis 5 (trifft sehr zu); die Faktoren PWM-Erfolg und die vier Einflussfaktoren sind jeweils nach Ausprägungsgrad systematisch in drei paritätische Segmente unterteilt („hoch", „gering", „mittel"). Bei den vier Einflussfaktoren sind in der Darstellung nur die Segmente „hoch" ausgewiesen.

2.6.4.2   Einzelindikatoren des Gestaltungsfeldes „IT und Systeme"

WM-Systeme/IT

Die am häufigsten zum Einsatz kommenden Wissensmanagement-Systeme sind *Projektarchive* wie z.B. Datenbanken oder Papierablagen (63%) gefolgt von *Projektablagen* wie z.B. E-Rooms oder Dokumentenmanagement (55%) und *zentrale Ablagen* von Fachwissen wie z.B. Normen, Standards, Studien oder Literatur (53%).

Alle anderen Systeme, vor allem die Kommunikationssysteme, werden überwiegend wenig bis gar nicht genutzt, wie z.B. die *Werkzeuge zur multidirektionalen Kommunikation* (Foren, Wikis), die in nur 16% der befragten Unternehmen intensiv oder sehr intensiv zum Einsatz kommen, in 62% aber wenig oder überhaupt nicht.

Abbildung 52: Häufigkeitsverteilungen, Mittelwerte und Standardabweichungen des Einflussfaktors „WM-Systeme/IT"

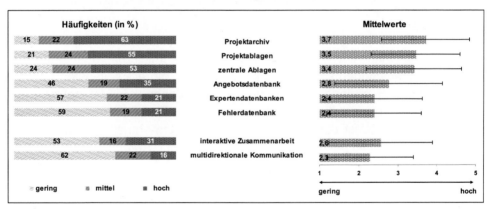

Quelle: Eigene Erhebung; N = 496, Skala 1 (trifft überhaupt nicht zu) bis 5 (trifft sehr zu); in der Häufigkeitsdarstellung sind die Ausprägungen 1 und 2 („trifft nicht zu") und 4 und 5 („trifft zu") zu einem Wert zusammengefasst.

Tabelle 17: Originalformulierung der Einzelfragen Einflussfaktors „WM-Systeme/IT"

Variablenlabel	Originalformulierung der Einzelfragen
Projektablagen	Projektablagen (z.B. E-Rooms, Dokumentenmanagement)
Expertendatenbanken	Expertendatenbanken, Kompetenzdatenbanken
Projektarchiv	Projektarchiv (z.B. Datenbanken, Ablagen in Papierform)
Fehlerdatenbank	Datenbanken mit Lessons Learned, Erfahrungsdokumentation, Fehlerdatenbank
zentrale Ablagen	Zentrale Ablage von Fachwissen (z.B. Normen, Standards, Studien, Literatur)
Angebotsdatenbank	Angebotsdatenbank
interaktive Zusammenarbeit	Werkzeuge interaktiver Zusammenarbeit (z.B. Net-Meeting, Team-Rooms)
multidirektionale Kommunikation	Werkzeuge zur multidirektoralen Kommunikation (z.B. Foren, Wikis)

Setzt man die Nutzung der Instrumente und Systeme des Wissensmanagements in Beziehung zu Unternehmen mit hohem, mittlerem oder geringem Projektwissensmanagement-Erfolg zeigt sich, dass die am seltensten genutzten Werkzeuge *Expertendatenbank* und *Fehlerdatenbank* in Untenehmen mit hohem PWM-Erfolg deutlich am intensivsten zum Einsatz kommen. Am geringsten ausgeprägt ist die Differenz zwischen Unternehmen mit hohem und geringem PWM-Erfolg beim Tool der *multidirektionalen Kommunikation*.

Abbildung 53: Indikatoren des Faktors „WM-Systeme/IT" nach PWM-Erfolg (Mittelwerte)

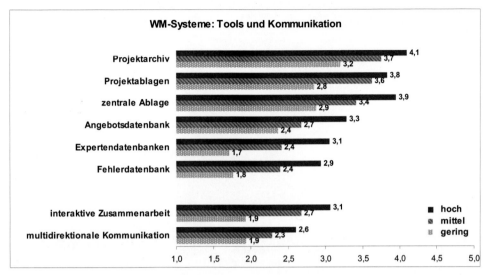

Quelle: Eigene Erhebung; N = 496, Skala 1 (trifft überhaupt nicht zu) bis 5 (trifft sehr zu); PWM-Erfolg ist systematisch in die drei paritätischen Segmente „gering", „mittel", „hoch" eingeteilt.

Diese Zusammenhänge werden noch einmal verdeutlicht, setzt man die Nutzungsintensität der Projektwissensmanagement-Systeme (PWM-Systeme) in Beziehung zur Projektwissensmanagement-Effizienz (PWM-Effizienz) der befragten Unternehmen. Der stärkste Zusammenhang wird zwischen PWM-Effizienz und *Experten-* sowie *Angebotsdatenbanken* sichtbar. Diese werden allerdings vergleichsweise wenig genutzt (vgl. Abbildung 54, rechts unten). Wenig genutzt wird auch die *multidirektionale Kommunikation*, hier ist aber auch der Zusammenhang zur PWM-Effizienz am geringsten ausgeprägt.

Abbildung 54: Intensität der Nutzung von WM-Systemen und Zusammenhang zu PWM-Effektivität

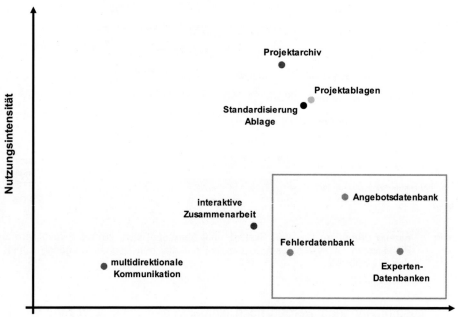

Auswirkung auf PWM-Effizienz

Quelle: Eigene Erhebung; N = 496, Y-Achse (Nutzungsintensität): Mittelwerte; Skala 1 (trifft überhaupt nicht zu) bis 5 (trifft sehr zu); X-Achse (Auswirkung auf PWM-Effizienz): Korrelationskoeffizienten.

Die verschiedenen Wissensmanagement-Systeme kommen im Durchschnitt am stärksten in den Branchen Pharma/Chemie und Automobilindustrie, am wenigsten in Unternehmen aus der Finanzdienstleistung, Maschinenbau, Transport/Verkehr/Logistik und IT/Telekommunikation zum Einsatz. Interessanterweise werden die Kommunikationssysteme in der Bauindustrie im Branchenvergleich mit am wenigsten genutzt, die anderen Systeme dagegen mit am häufigsten.

Systemqualität

Die Qualität der eingesetzten Systeme hinsichtlich ihrer Zweckmäßigkeit und Benutzerfreundlichkeit wird insgesamt unterdurchschnittlich beurteilt.

Einzig der Aspekt der *Bedienfreundlichkeit* wird von einer knappen Mehrheit (35%) als hoch bzw. sehr hoch eingestuft, alle anderen Kriterien werden mehrheitlich in ihrer Qualität als gering bzw. sogar sehr gering eingeordnet. Vor allem hinsichtlich der Merkmale *Speichern*, *Suchen* und *Verteilen* von Wissen in der Projektarbeit scheinen die Systeme funktional überwiegend ineffektiv zu arbeiten.

Abbildung 55: Häufigkeitsverteilungen, Mittelwerte und Standardabweichungen des Einflussfaktors „Systemqualität"

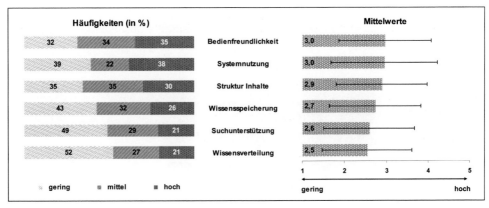

Quelle: Eigene Erhebung; N = 496, Skala 1 (trifft überhaupt nicht zu) bis 5 (trifft sehr zu); in der Häufigkeitsdarstellung sind die Ausprägungen 1 und 2 („trifft nicht zu") und 4 und 5 („trifft zu") zu einem Wert zusammengefasst.

Tabelle 18: Originalformulierung der Einzelfragen des Einflussfaktors „Systemqualität"

Variablenlabel	Originalformulierung der Einzelfragen
Systemnutzung	Die Nutzung der Systeme ist Bestandteil im Projektalltag
Struktur Inhalte	Die in den Systemen enthaltenen Inhalte sind übersichtlich strukturiert
Bedienfreundlichkeit	Die Systeme sind einfach zu benutzen
Wissensspeicherung	Die Systeme unterstützen das Speichern von Wissen in der Projektarbeit effektiv
Suchunterstützung	Die Systeme unterstützen das Suchen von Wissen in der Projektarbeit effektiv
Wissensverteilung	Die Systeme unterstützen das Verteilen von Wissen in der Projektarbeit effektiv

Wirft man auch hier einen differenzierten Blick auf die Unternehmen mit unterschiedlichem Projektwissensmanagement-Erfolg (PWM-Erfolg), zeigt sich bei allen Qualitätsmerkmalen ein ähnlich stark gelagerter Zusammenhang: In Unternehmen mit hohem PWM-Erfolg sind die eingesetzten Systeme qualitativ bei weitem funktionsfähiger als in Unternehmen mit geringem PWM-Erfolg. Die Differenzwerte liegen bei allen gemessenen Kriterien zwischen 1,4 und 1,6 Skalenpunkte. Eine hohe Funktionalität der Wissensmanagement-Systeme scheint demnach eine wesentliche Grundlage für ein erfolgreiches Wissensmanagement im Projektkontext zu sein.

Abbildung 56: Indikatoren des Faktors „Systemqualität" nach PWM-Erfolg (Mittelwerte)

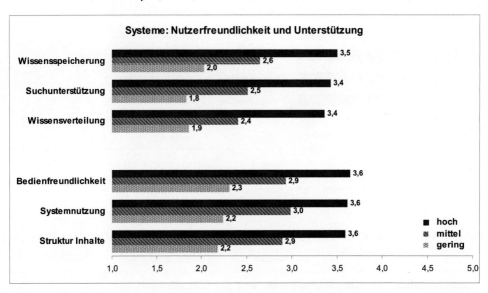

Quelle: Eigene Erhebung; N = 496, Skala 1 (trifft überhaupt nicht zu) bis 5 (trifft sehr zu); PWM-Erfolg ist systematisch in die drei paritätischen Segmente „gering", „mittel", „hoch" eingeteilt.

Die Qualität der eingesetzten Systeme wird hinsichtlich ihrer Zweckmäßigkeit und Benutzerfreundlichkeit am höchsten eingeschätzt in Unternehmen der Bauindustrie, der Beratung und der pharmazeutischen/chemischen Industrie, am geringsten in Unternehmen aus den Bereichen Transport/Verkehr/Logistik, Maschinen- und Anlagenbau.

Wissenstransfer

Wissenstransfer, d.h. der Wissensaustausch über Systeme und Personen, findet am intensivsten über *persönlich bekannte Kollegen* statt (92%). Eine wichtige Rolle kommt auch der *Dokumentation anderer Projekte* (68%) sowie niedergelegten *Methoden-Leitfäden und Vorlagen* (61%) zu. Auch alle weiteren Wissenstransfer-Instrumente werden mehrheitlich genutzt, jeweils aber von weniger als der Hälfte der befragten Unternehmen. Am seltensten vollzieht sich der Wissensaustausch über *persönlich nicht bekannte Kollegen* (39%), die über Datenbanken oder durch Empfehlung als Wissensträger identifiziert sind.

Abbildung 57: Häufigkeitsverteilungen, Mittelwerte und Standardabweichungen des Einflussfaktors „Wissenstransfer"

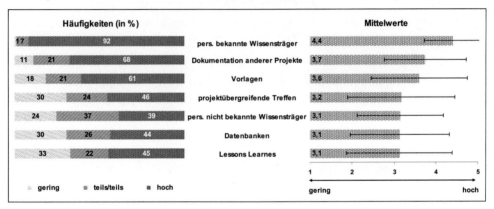

Quelle: Eigene Erhebung; N = 496, Skala 1 (trifft überhaupt nicht zu) bis 5 (trifft sehr zu); in der Häufigkeitsdarstellung sind die Ausprägungen 1 und 2 („trifft nicht zu") und 4 und 5 („trifft zu") zu einem Wert zusammengefasst.

Tabelle 19: Originalformulierung der Einzelfragen des Einflussfaktors „Wissenstransfer"

Variablenlabel	Originalformulierung der Einzelfragen
Dokumentation anderer Projekte	Dokumentation anderer Projekte
Datenbanken	Datenbanken (Kunden, Wettbewerb, Technologie)
Lessons Learned	Lessons Learned aus anderen Projekten
Vorlagen	Methodik-Leitfäden und Vorlagen
Pers. bekannte Wissensträger	Ansprechen von Kollegen die man persönlich kennt
Pers. nicht bekannte Wissensträger	Ansprechen von Kollegen die man nicht persönlich kennt (Datenbank, Empfehlung)
projektübergreifende Treffen	Projektleitertreffen bzw. sonstige projektübergreifende Treffen

Die Instrumente des Wissenstransfers haben in den verschiedenen Projektphasen (Angebotsphase – Planungsphase – Durchführungsphase) eine unterschiedliche Bedeutung. Im Durchschnitt ist die Nutzungsintensität in der Angebotsphase am stärksten ausgeprägt und nimmt mit zunehmendem Projektverlauf ab, wobei aber zwischen den einzelnen Instrumenten durchaus Unterschiede festzustellen sind.

Abbildung 58: Systeme des „Wissenstransfers" in unterschiedlichen Projektphasen (Mittelwerte)

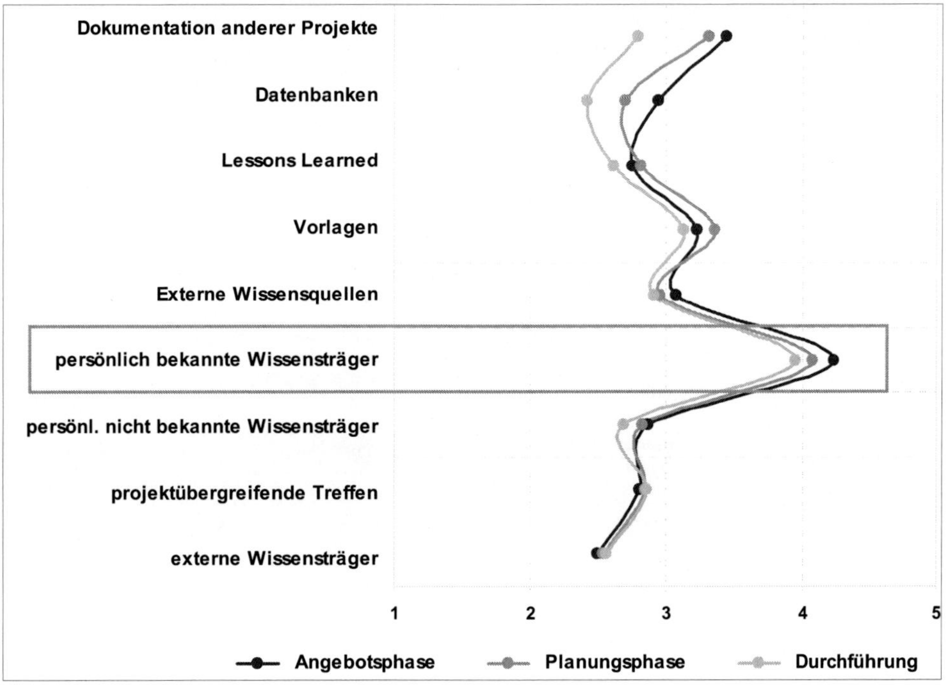

Quelle: Eigene Erhebung; N = 496; Skala 1 (trifft überhaupt nicht zu) bis 5 (trifft sehr zu).

Externe Wissensträger und *projektübergreifende Treffen* haben in allen Projektphasen eine ähnliche Bedeutung. *Methodik-Leitfäden und Vorlagen* sind am wichtigsten in der Planungsphase, die *Dokumentation anderer Projekte* und *persönlich bekannte Wissensträger* sind vor allem in der Angebotsphase von Bedeutung.

Zwischen der Nutzungsintensität der Instrumente des Wissenstransfers und Unternehmen mit unterschiedlichem Projektwissensmanagementerfolg sind im Durchschnitt Mittelwertdifferenzen von etwa einem Skalenpunkt vorzufinden. Lediglich bei der Intensität des Wissensaustausches über *persönlich nicht bekannten Kollegen* (0,7) und *persönlich bekannten Kollegen* (0,4) fällt die Korrelation deutlich geringer aus.

90

Abbildung 59: Indikatoren des Faktors „Wissenstransfer" nach PWM-Erfolg

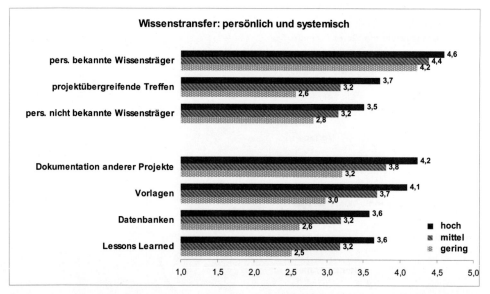

Quelle: Eigene Erhebung; N = 496, Skala 1 (trifft überhaupt nicht zu) bis 5 (trifft sehr zu); PWM-Erfolg ist systematisch in die drei paritätischen Segmente „gering", „mittel", „hoch" eingeteilt.

Instrumente des Wissenstransfers kommen am ehesten in der Beratung und – mit Abstrichen – in der Automobilbranche, am seltensten dagegen im Finanzdienstleistungssektor zum Einsatz. In Unternehmen aus den Branchen Transport, Verkehr und Logistik wird der persönliche Wissenstransfer (informelle, formelle Kommunikation und projektübergreifende Treffen) überdurchschnittlich stark genutzt, der Wissenstransfer über technische Systeme (Dokumentation, Datenbanken, Vorlagen, Lessons Learned) kommt hier dagegen deutlich unterdurchschnittlich zur Geltung.

2.7 Differenzierte Auswertung

2.7.1 Differenzierung nach Branchen und Projektarten

Die dargestellten Aktivitäten im Projektwissensmanagement sind – wie bereits teilweise dargestellt – über verschiedene Branchen und Projektarten unterschiedlich ausgeprägt. Es zeigt sich, dass gegenüber Wissensmanagement verschiedene Einstellungen und dementsprechend unterschiedliche Grundausrichtungen der Aktivitäten bestehen. Im Rahmen üblicher Abweichungen bilden die Branchen und Projektarten aber in sich weitgehend homogene Gruppen, so dass ein Vergleich zwischen diesen Gruppen möglich ist.

Unterschiede in den Aktivitäten und Strukturen des Projektwissensmanagements beginnen bei den Fragen, woher die Impulse zum Wissensmanagement kommen, wie die Beteiligten gegenüber dem Teilen von Wissen eingestellt sind und welche grundsätzliche Wissensmanagement-Strategie der Unternehmen zugrunde liegt. In der Bau- und Beratungsindustrie wird Wissensmanagement von der Unternehmensleitung eingefordert, gleichzeitig wird aber auch der gemeinsame Nutzen des Wissensaustauschs von den Projektbeteiligten als hoch eingeschätzt. Daraus ergibt sich eine hohe Aktivität und ein überdurchschnittlicher Erfolg im Projektwissensmanagement. Bei anderen Branchen wie beispielsweise dem Anlagenbau, dem Maschinenbau oder Transport/Verkehr/Logistik zeigt sich ein gegenteiliges Bild. Die Position der Branchen auf dem Kontinuum zwischen den Polen „Wissensaustausch als Eigeninitiative" und „vom Unternehmen eingefordert" bzw. zwischen „Wissen als privates Gut" und „Wissen als gemeinsamer Wettbewerbsvorteil" wird in Abbildung 60 dargestellt.

Abbildung 60: Wissensaustausch in den verschiedenen Branchen: über Eigeninitiative oder über das Einfordern des Unternehmens

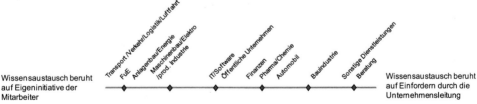

Quelle: Eigene Darstellung; Ranking nach Mittelwertberechnungen, Skala 1 (trifft überhaupt nicht zu) bis 5 (trifft sehr zu).

Abbildung 61: Verständnis von Wissen in den verschiedenen Branchen: Wissen als privates Gut oder als gemeinsamer Wettbewerbsvorteil des Unternehmens

Quelle: Eigene Darstellung; Ranking nach Mittelwertberechnungen, Skala 1 (trifft überhaupt nicht zu) bis 5 (trifft sehr zu).

Die mögliche Wissensmanagementstrategie bewegt sich auf einem Kontinuum zwischen den Extrempunkten „Schwerpunkt auf Kodierung" und „Schwerpunkt auf Personalisierung". Einige Branchen wie Pharma/Chemie, Anlagenbau/Energie, Beratung, FuE und Öffentliche Unternehmen wählen überwiegend eine Hybridstrategie. Die Bauindustrie bildet eine Ausnahme mit einer starken Orientierung zur Kodierung von Wissen, wohingegen der Finanzsektor überwiegend auf Personalisierung setzt.

Abbildung 62: Schwerpunkt der Wissensmanagementstrategie in den Branchen: Kodierung oder Personalisierung

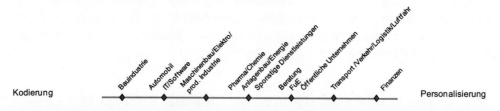

Quelle: Eigene Darstellung; Ranking nach Mittelwertberechnungen, Skala 1 (trifft überhaupt nicht zu) bis 5 (trifft sehr zu).

Für einen Überblick über sämtliche Einzelvariablen wird ein „Projektwissensmanagement-Index gebildet. Dafür werden alle Einzelvariablen der betrachteten Gestaltungsfaktoren berücksichtigt. Der Maximalwert von 100 bedeutet, dass alle einbezogenen Variablen den höchst möglichen Wert aufweisen. Dementsprechend bedeutet der Minimalwert 0, dass alle Variablen die geringst mögliche Ausprägung haben (vgl. Abbildung 63), Es zeigt sich, dass im Branchenvergleich Beratung, Bauindustrie, Chemie und sonstige Dienstleistungen die höchsten Ausprägungen haben, während der Status quo der Projektwissensmanagementaktivitäten in den Branchen Finanzen, Energie, Elektrotechnik, Transport/Logistik und produzierendes Gewerbe die geringsten Werte aufweist.

Abbildung 63: Projektwissensmanagement-Index der Branchen

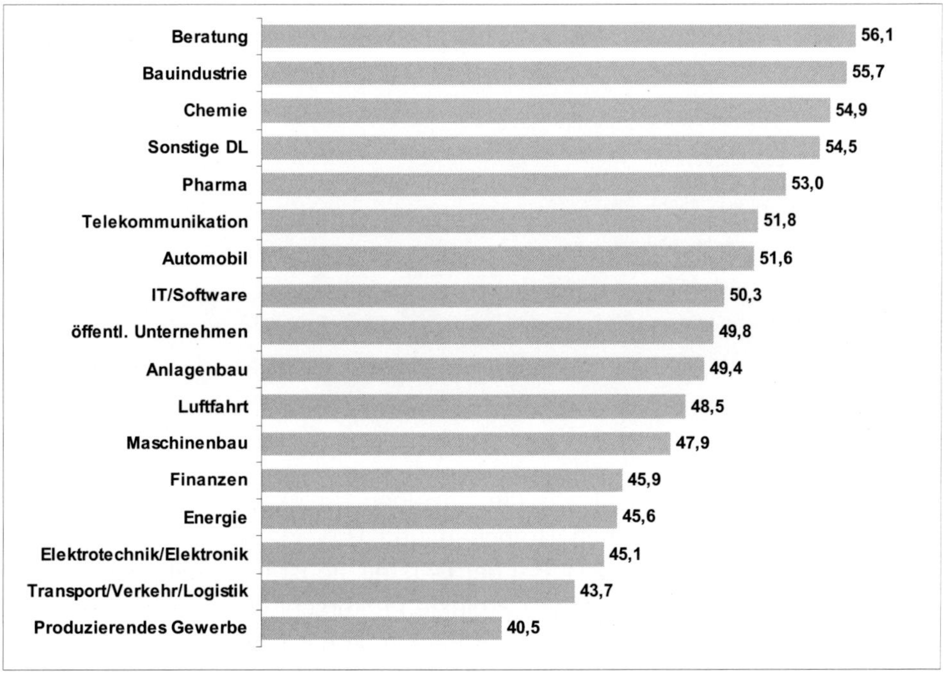

Branche	Wert
Beratung	56,1
Bauindustrie	55,7
Chemie	54,9
Sonstige DL	54,5
Pharma	53,0
Telekommunikation	51,8
Automobil	51,6
IT/Software	50,3
öffentl. Unternehmen	49,8
Anlagenbau	49,4
Luftfahrt	48,5
Maschinenbau	47,9
Finanzen	45,9
Energie	45,6
Elektrotechnik/Elektronik	45,1
Transport/Verkehr/Logistik	43,7
Produzierendes Gewerbe	40,5

Quelle: Eigene Erhebung; N = 496.

Vergleicht man die Ausprägungen der Gestaltungsfaktoren bezogen auf die verschiedenen Projektarten (vgl. Abbildung 64), so schneiden bei internen Projekten FuE Projekte am besten ab, während bei Investitions- und IT-Projekten deutlich geringere Werte zu finden sind. Insgesamt zeigen interne Projekte gegenüber den nach Außen gerichteten (Kunden-)Projekten deutlich geringere Aktivitäten im Projektwissensmanagement. Innerhalb der Kundenprojekte liegen Beratungs- und Bauprojekte vorne. Kundenprojekte im Automobilbereich, im Anlagenbau und im Maschinenbau zeigen eine deutlich unterdurchschnittliche Professionalität im Projektwissensmanagement.

Abbildung 64: Projektwissensmanagement-Index der Projektarten

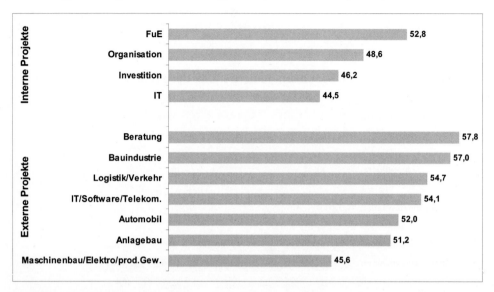

Quelle: Eigene Erhebung; N = 496.

Im Folgenden wird dargestellt, wie die einzelnen Projektwissensmanagement-faktoren in den verschiedenen Branchen und Projektarten ausgeprägt sind (vgl. Tabelle 20 und Tabelle 21). Bei der Darstellung ist nach externen Projekten (Kundenprojekten) und internen Projekten unterschieden. Die Symbole (- , o , +) geben an, inwiefern der Wert des Faktors in der jeweiligen Gruppe (z.B. Kundenprojekt im Anlagenbau) vom Mittelwert über die Grundgesamtheit abweicht. Dabei steht das Symbol „++" für eine stark positive und das Symbol „+" für eine positive Abweichung. Analoges gilt für die Symbole „- -" und „-".

Tabelle 20: Differenzierte Darstellung der Faktoren des Projektwissensmanagements nach externen Projekten

	Externe Projekte (Kundenprojekte)								
	Anlagebau	Automobil	Beratung	Bauindustrie	IT/Software/ Telekom.	Maschinenbau/ Elektro/prod. Gew.	öffentl. Unternehmen	Logistik/Verkehr	Sonstige DL
Freiräume	o	o	+	+	+	-	-	++	++
Fehlerkultur	o	o	++	++	++	- -	++	- -	++

	Externe Projekte (Kundenprojekte)								
	Anlagebau	Automobil	Beratung	Bauindustrie	IT/Software/Tele-kom.	Maschinenbau/ Elektro/prod. Gew.	öffentl. Unternehmen	Logistik/Verkehr	Sonstige DL
Vertrauen	o	o	++	++	+	- -	-	o	++
Informelle Kommunikation	o	o	++	++	++	-	-	o	++
Nutzenverständnis	o	o	++	++	o	- -	o	-	++
Kontrolle	-	o	++	o	o	- -	++	++	++
Rolle Management	o	o	++	++	+	- -	o	-	++
Standardisierung PM Methodik	++	+	o	++	o	-	o	++	+
Organisation WM	o	+	++	+	o	-	o	o	++
Aktivierung von Erfahrungen	o	+	+	o	+	- -	o	+	++
Qualitätssicherung	o	-	++	++	o	- -	+	o	++
Wissenspermeabilität	o	o	++	++	++	-	-	o	++
Prozess Definition	o	o	++	++	++	- -	o	o	++
Systemqualität-Nutzerfreundlichkeit	o	o	++	++	o	- -	o	++	++
Systemqualität-Unterstützung	-	o	++	++	o	-	++	++	++
WM Systeme	++	++	++	++	o	-	o	++	++
Kommunikations-Systeme	-	+	++	- -	++	- -	- -	-	++
Wis-Transf. Systeme	+	+	++	o	o	o	o	++	++
Wis-Transf. Persönlich	o	+	+	+	o	-	o	++	++

Legende: Abweichungen vom Mittelwert: stark positive Abweichung (++), positive Abweichung (+), keine Abweichung (0), stark negative Abweichung (- -) negative Abweichung (-).

Tabelle 21: Differenzierte Darstellung der Faktoren des Projektwissensmanagements nach internen Projekten

	Interne Projekte				
	FuE	Investition	IT	Organisation	Sonstige
Freiräume	o	-	- -	-	++
Fehlerkultur	o	- -	- -	o	++
Vertrauen	o	-	- -	o	+
Informelle Kommunikation	+	-	- -	-	o
Nutzenverständnis	o	-	- -	o	+
Kontrolle	o	-	- -	-	++
Rolle Management	o	- -	- -	o	++
Standardisierung PM Methodik	o	- -	- -	- -	++
Organisation WM	o	o	- -	o	o

	Interne Projekte				
	FuE	Investition	IT	Organisation	Sonstige
Aktivierung von Erfahrungen	++	- -	o	-	o
Qualitätssicherung	o	- -	- -	+	++
Wissenspermeabilität	+	-	- -	-	o
Prozess Definition	+	-	- -	-	+
Systemqualität-Nutzerfreundlichkeit	+	- -	- -	-	o
Systemqualität-Unterstützung	+	-	- -	- -	o
WM Systeme	+	-	- -	- -	o
Kommunikations Systeme	+	o	-	- -	+
Wis-Transf. Systeme	o	- -	- -	-	++
Wis-Transf. Persönlich	o	o	o	-	o

Legende: Abweichungen vom Mittelwert: stark positive Abweichung (++), positive Abweichung (+), keine Abweichung (0), stark negative Abweichung (- -) negative Abweichung (-).

Im Branchenvergleich weisen Unternehmen aus den Bereichen Beratung, Bau und FuE in nahezu allen eingesetzten Erklärungs-Faktoren überdurchschnittliche Werte auf. Die Ausprägungen der Faktoren in den verschiedenen Branchen sind in Tabelle 22 dargestellt.

Tabelle 22: Differenzierte Darstellung der Faktoren des Projektwissensmanagements nach Branchen

	Branchen																	
	Anlagenbau	Automobil	Beratung	Bauindustrie	Chemie	Finanzen	IT/Software	Luftfahrt	Maschinenbau	Pharma	öffentl. Unternehmen	Telekommunikation	Transport/Verkehr/Logistik	Sonstige Dienstleistung	Forschung und Entwicklung	Energie	Elektrotechnik/Elektronik	produzierendes Gewerbe
Freiräume	o	o	+	+	o	-	o	-	o	-	o	o	- -	+	+/+	- -	o	- -
Fehlerkultur	-	o	+	+/+	o	o	o	- -	-	- -	o	o	- -	+/+	+/+	- -	- -	- -
Vertrauen	o	o	+/+	+/+	o	- -	o	o	o	o	-	o	- -	+/+	+/+	- -	- -	- -

	Anlagenbau	Automobil	Beratung	Bauindustrie	Chemie	Finanzen	IT/Software	Luftfahrt	Maschinenbau	Pharma	öffentl. Unternehmen	Telekommunikation	Transport/Verkehr/Logistik	Sonstige Dienstleistung	Forschung und Entwicklung	Energie	Elektrotechnik/Elektronik	produzierendes Gewerbe
Informelle Kommunikation	-	o	++	+	++	--	o	o	-	o	o	o	--	+	++	--	--	--
Nutzenverständnis	o	o	++	++	o	-	o	o	-	+	-	o	--	++	+	-	--	--
Kontrolle	-	o	++	o	o	--	-	-	--	++	o	o	o	o	o	++	o	--
Rolle Management	o	o	++	++	o	--	o	-	--	o	o	--	--	++	++	o	--	--
Standardisierung PM Methodik	o	+	o	+	++	-	o	+	o	+	--	+	++	--	o	--	o	--
Organisation WM	-	o	++	o	o	-	o	o	o	o	o	o	o	+	o	o	--	--
Aktivierung von Erfahrungen	o	o	o	-	++	--	o	o	-	++	o	++	--	o	--	--	o	--
Qualitätssicherung	o	+	++	++	o	--	--	--	--	o	+	o	o	+	++	--	--	o
Wissenspermeabilität	-	o	++	+	++	--	o	o	-	o	o	o	--	+	++	--	--	--
Prozess Definition	--	o	++	+	++	--	o	o	-	+	o	+	--	++	++	--	--	--
Systemqualität-Nutzerfreundlichkeit	o	o	+	++	+	-	-	--	-	+	o	++	-	+	o	--	--	--
Systemqualität-Unterstützung	-	o	++	++	++	-	o	--	-	+	o	+	o	+	-	--	--	--
WM Systeme	+	+	+	++	++	--	--	--	-	++	-	o	o	-	o	--	--	--
Kommunikations Systeme	--	+	+	--	++	--	+	+	--	+	o	++	+	+	o	o	--	--
Wis-Transf. Systeme	o	o	++	o	++	-	o	--	o	o	o	o	o	-	++	--	-	o
Wis-Transf. Persönlich	o	o	+	+	o	--	o	++	-	o	o	o	++	o	++	o	--	--

Legende: Abweichungen vom Mittelwert: stark positive Abweichung (++), positive Abweichung (+), keine Abweichung (0), stark negative Abweichung (- -) negative Abweichung (-).

2.7.2 Einfluss verschiedener Kontextfaktoren

Deutliche Unterschiede auf den Ausprägungsgrad der Faktoren des Projektwissensmanagements können bei folgenden Kontextgrößen identifiziert werden:

- Organisatorische Einbettung der Projekte in die Unternehmen (reine Projektorganisation, Matrix-Projektorganisation, beides)
- Internationalität der Projekte
- Individuelle Gestaltungs-Freiräume und Fehlerkultur in der Projektarbeit
- Rolle des Top-Managements im Projektwissensmanagement
- Standardisierungsgrad der Projektmethodik
- Existenz einer Projektstelle bzw. eines Projektmanagement Office (PMO)
- Projektgröße (Anzahl Mitarbeiter in Projekten)

Organisatorische Einbettung von Projekten

Unternehmen, bei denen Projekte in einer reinen Projektorganisation abgewickelt werden, weisen zum überwiegenden Teil eine deutlich stärkere Ausprägung der Projektwissensmanagementfaktoren auf als Unternehmen, bei denen Projekte in einer Matrixorganisation eingebettet sind. Sowohl bei den kulturellen Faktoren (Fehlerkultur, Vertrauen, informelle Kommunikation) als auch bei den Wissensmanagementsystem-bezogenen Faktoren (Systemqualität) und den prozessbezogenen Faktoren (Prozessdefinition, Wissenspermeabilität) gibt es erhebliche Unterschiede. Hier scheinen die stärker ausgeprägte Projektroutine und die organisatorische und weisungsbezogene Klarheit bei einer reinen Projektorganisation von Vorteil zu sein.

Tabelle 23: Differenzierte Darstellung der Faktoren des Projektwissensmanagements nach der Organisationseinbettung von Projekten

	Organisationseinbettung von Projekten		
	reine Projektorganisation	beides	Matrix-Projektorganisation
Freiräume	+	o	o
Fehlerkultur	++	o	-
Vertrauen	++	o	-
Informelle Kommunikation	+	+	-

	Organisationseinbettung von Projekten		
	reine Projektorga-nisation	beides	Matrix-Projektorganisation
Nutzenverständnis	++	+	-
Kontrolle	o	o	o
Rolle Management	++	o	- -
Standardisierung PM Methodik	o	o	o
Organisation WM	+	o	o
Aktivierung von Erfahrungen	+	o	o
Qualitätssicherung	++	o	-
Wissenspermeabilität	+	+	-
Prozess Definition	++	+	-
Systemqualität-Nutzerfreundlichkeit	++	o	-
Systemqualität-Unterstützung	++	o	-
WM Systeme	+	o	o
Kommunikations Systeme	+	o	o
Wis-Transf. Systeme	+	o	o
Wis-Transf. Persönlich	+	o	o

Legende: Abweichungen vom Mittelwert: stark positive Abweichung (++), positive Abweichung (+), keine Abweichung (0), stark negative Abweichung (- -) negative Abweichung (-).

Internationalität der Projekte

Bei einer hohen Internationalität der Projekte sind die Faktoren des Projektwissensmanagements überwiegend stärker ausgeprägt. Eine Ausnahme stellt der Faktor „Prozess-Definition" dar, der bei mittlerer Internationalität den höchsten Wert annimmt. Die Fehlerkultur ist bei geringer Internationalität höher ausgeprägt als bei mittlerer Internationalität. Bei hoher Internationalität ist hingegen auch die Fehlerkultur vergleichsweise hoch. Die Internationalität von Projekten erhöht die Komplexität (z.B. aufgrund kultureller oder lokaler Anforderungen), was dem Projektwissen eine besondere Bedeutung zukommen lässt. Dies scheint in internationalen Projekten bereits verstanden und umgesetzt zu sein.

Tabelle 24: Differenzierte Darstellung der Faktoren des Projektwissensmanagements nach Internationalität

	Internationalität		
	gering	mittel	hoch
Freiräume	o	o	+
Fehlerkultur	o	-	+
Vertrauen	o	o	+
Informelle Kommunikation	-	+	+
Nutzenverständnis	-	+	++
Kontrolle	-	o	++
Rolle Management	-	+	++
Standardisierung PM Methodik	-	o	+
Organisation WM	o	o	o
Organisation PM			
Aktivierung von Erfahrungen	- -	o	++
Qualitätssicherung	o	o	o
Wissenspermeabilität	-	+	+
Prozess Definition	-	++	+
Systemqualität-Nutzerfreundlichkeit	-	o	++
Systemqualität-Unterstützung	-	o	+
WM Systeme	-	+	++
Kommunikations Systeme	- -	o	++
Wis-Transf. Systeme	-	+	+
Wis-Transf. Persönlich	-	+	++

Legende: Abweichungen vom Mittelwert: stark positive Abweichung (++), positive Abweichung (+), keine Abweichung (0), stark negative Abweichung (- -) negative Abweichung (-).

Freiräume und Fehlerkultur im Projekt

Unternehmen, in denen ein hohes Maß an Freiräumen und eine hohe Fehlerkultur in Projekten gelebt wird, zeigen in den organisatorischen, prozessualen und systembezogenen Faktoren des Projektwissensmanagements deutlich höhere Werte. Es gilt auch die Umkehrung der Beobachtung: Bei Unternehmen mit einer geringen Fehlerkultur und mit geringen Freiräumen liegen überwiegend sehr geringe Werte bei den anderen Faktoren des Projektwissensmanagements vor.

Diese Beobachtung legt den Schluss nahe, dass die Elemente der Projektkultur die notwendige Voraussetzung für Maßnahmen und Aktivitäten des Projektwissensmanagements sind.

Tabelle 25: Differenzierte Darstellung der Faktoren des Projektwissensmanagements nach den Freiräumen und der Fehlerkultur in Projekten

	Freiräume und Fehlerkultur in Projekten		
	gering	mittel	hoch
Vertrauen	- -	-	++
Informelle Kommunikation	- -	o	++
Nutzenverständnis	- -	- -	++
Kontrolle	-	o	++
Rolle Management	- -	- -	++
Standardisierung PM Methodik	- -	o	++
Organisation WM	- -	-	++
Aktivierung von Erfahrungen	- -	o	++
Qualitätssicherung	- -	-	++
Wissenspermeabilität	- -	o	++
Prozess Definition	- -	-	++
Systemqualität-Nutzerfreundlichkeit	- -	-	++
Systemqualität-Unterstützung	- -	-	++
WM Systeme	- -	o	++
Kommunikations Systeme	- -	o	++
Wis-Transf. Systeme	- -	o	++
Wis-Transf. Persönlich	- -	o	++

Legende: Abweichungen vom Mittelwert: stark positive Abweichung (++), positive Abweichung (+), keine Abweichung (0), stark negative Abweichung (- -) negative Abweichung (-).

Rolle des Top-Managements

Eine ähnlich zentrale Stellung wie die Projektkultur nimmt das Top-Management im Projektwissensmanagement ein. Die Ausprägung der Faktoren des Projektwissensmanagements hängen wesentlich vom Engagement, von der Mitwirkung und Einforderung der Wissensmanagementaktivität durch das Top-Management ab.

Tabelle 26: Differenzierte Darstellung der Faktoren des Projektwissensmanagements nach der Rolle des Top-Managements

	Rolle Top-Management		
	gering	mittel	hoch
Freiräume	-	+	++
Fehlerkultur	- -	+	++
Vertrauen	- -	+	++
Informelle Kommunikation	- -	++	++
Nutzenverständnis	- -	++	++
Kontrolle	- -	+	++
Rolle Management	- -	++	++
Standardisierung PM Methodik	- -	++	++
Organisation WM	-	o	++
Aktivierung von Erfahrungen	- -	++	++
Qualitätssicherung	- -	+	++
Wissenspermeabilität	- -	++	++
Prozess Definition	- -	++	++
Systemqualität-Nutzerfreundlichkeit	- -	+	++
Systemqualität-Unterstützung	- -	o	++
WM Systeme	- -	+	++
Kommunikations Systeme	- -	+	++
Wis-Transf. Systeme	- -	++	++
Wis-Transf. Persönlich	- -	+	++

Legende: Abweichungen vom Mittelwert: stark positive Abweichung (++), positive Abweichung (+), keine Abweichung (0), stark negative Abweichung (- -) negative Abweichung (-).

Standardisierung der Projektmanagement-Methodik

Bei einer klar definierten und stringent angewandten Projektmanagement-Methodik sind die Faktoren stärker ausgeprägt. Eine Ausnahme stellen die kulturellen Faktoren dar. Die Standardisierung der Projektmanagement-Methodik hat keinen wesentlichen Einfluss auf die Ausprägung der Faktoren Freiräume, Fehlerkultur und Vertrauen.

Tabelle 27: **Differenzierte Darstellung der Faktoren des Projektwissensmanagements nach der dem Grad der Standardisierung der Projektmanagement-Methodik**

	Standardisierung PM Methodik		
	gering	mittel	hoch
Freiräume	- -	o	o
Fehlerkultur	- -	o	o
Vertrauen	-	o	o
Informelle Kommunikation	- -	-	+
Nutzenverständnis	- -	o	+
Kontrolle	- -	o	o
Rolle Management	- -	o	+
Standardisierung PM Methodik	- -	- -	++
Organisation WM	o	o	o
Aktivierung von Erfahrungen	- -	-	++
Qualitätssicherung	- -	o	+
Wissenspermeabilität	- -	-	+
Prozess Definition	- -	-	+
Systemqualität-Nutzerfreundlichkeit	- -	o	++
Systemqualität-Unterstützung	- -	o	+
WM Systeme	- -	o	++
Kommunikations Systeme	- -	-	+
Wis-Transf. Systeme	- -	o	+
Wis-Transf. Persönlich	- -	o	+

Legende: Abweichungen vom Mittelwert: stark positive Abweichung (++), positive Abweichung (+), keine Abweichung (0), stark negative Abweichung (- -) negative Abweichung (-).

Projektmanagement-Office

Eine zentrale Projektstelle (Projektmanagement-Office) unterstützt die Standardisierung der PM Methodik, die informelle Kommunikation, das Nutzenverständnis des Projektwissensmanagements sowie die prozessualen und systembezogenen Faktoren. Auf kulturelle Faktoren, auf die Kontrolle, die Organisation des Wissensmanagements und den Wissenstransfer über Personen hat ein PM-Office jedoch keinen Einfluss. Es zeigt sich, dass das PM Office zwar oftmals die Rahmenbedingungen des Projektwissenstransfers fördert, aber das Projektwissensmanagement zu wenig aktiv unterstützt (Organisation Wissensmanagement, Kontrolle).

Tabelle 28: Differenzierte Darstellung der Faktoren des Projektwissensmanagements nach der dem Grad der Standardisierung der Projektmanagement-Methodik

	PM Office	
	ja	nein
Freiräume	o	o
Fehlerkultur	o	o
Vertrauen	o	o
Informelle Kommunikation	+	-
Nutzenverständnis	+	-
Kontrolle	o	o
Rolle Management	+	-
Standardisierung PM Methodik	++	- -
Organisation WM	o	o
Aktivierung von Erfahrungen	+	-
Qualitätssicherung	+	-
Wissenspermeabilität	+	-
Prozess Definition	+	-
Systemqualität-Nutzerfreundlichkeit	+	- -
Systemqualität-Unterstützung	+	-
WM Systeme	+	-
Kommunikations Systeme	+	-
Wis-Transf. Systeme	+	-
Wis-Transf. Persönlich	o	o

Legende: Abweichungen vom Mittelwert: stark positive Abweichung (++), positive Abweichung (+), keine Abweichung (0), stark negative Abweichung (- -) negative Abweichung (-).

Projektgröße (Anzahl der Mitarbeiter in typischen Projekten)

Die meisten der zugrunde gelegten Faktoren sind in einer Projektgröße von fünf bis neuen Mitarbeitern am stärksten ausgeprägt. Diese Projekte erscheinen ausreichend groß, um Aktivitäten und Strukturen des Projektwissensmanagements in die Projektarbeit zu integrieren und hinreichend klein, um diese Aktivitäten und Strukturen einfach zu koordinieren können. Je größer die Projekte sind, desto schwieriger ist offenbar die Aktivierung von Erfahrungen. Der persönliche Wissenstransfer und die Nutzung von Kommunikationssystemen zur Wissenstransfer sind in mittelgroßen Projekten stärker ausgeprägt als in kleinen und großen.

Tabelle 29: Differenzierte Darstellung der Faktoren des Projektwissensmanagements nach der durchschnittlichen Anzahl der Projektmitarbeiter

	Durchschnittliche Anzahl Projektmitarbeiter		
	1-5 Mitarbeiter	5-9 Mitarbeiter	> 9 Mitarbeiter
Freiräume	o	o	o
Fehlerkultur	-	o	+
Vertrauen	-	+	o
Informelle Kommunikation	o	+	o
Nutzenverständnis	-	+	o
Kontrolle	o	o	o
Rolle Management	-	+	o
Standardisierung PM Methodik	+	o	- -
Organisation WM	o	o	o
Aktivierung von Erfahrungen	+	o	-
Qualitätssicherung	o	o	o
Wissenspermeabilität	o	+	o
Prozess Definition	o	+	o
Systemqualität-Nutzerfreundlichkeit	o	o	o
Systemqualität-Unterstützung	o	o	o
WM Systeme	o	o	o
Kommunikations Systeme	o	++	- -
Wis-Transf. Systeme	o	o	o
Wis-Transf. Persönlich	o	+	-

Legende: Abweichungen vom Mittelwert: stark positive Abweichung (++), positive Abweichung (+), keine Abweichung (0), stark negative Abweichung (- -) negative Abweichung (-).

Rolle der Befragten in Projekten

Projektleiter und Projektmitarbeiter beurteilen die Umsetzung der Faktoren des Projektwissensmanagements sehr ähnlich. Die innerbetrieblichen Auftraggeber/Sponsoren und die Beauftragen bzw. Mitarbeiter von Projektstellen schätzen die Umsetzung der Faktoren vergleichsweise wesentlich höher ein. Diese Diskrepanz zeigt, dass die nicht direkt an den Projekten Beteiligten eine höhere Erfüllungserwartung an die Faktoren des Projektwissensmanagements haben, als diese tatsächlich im Projektalltag zutreffen. Beispielsweise wird von Vertretern des Projektmanagement-Office die Standardisierung der Projektmanagement-Methode höher eingeschätzt als von Projektleitern und Projektmitarbeitern. Hier gilt es, die Diskrepanz zwischen konzeptionell vorgesehenen Praktiken und tatsächlicher Umsetzung zu schließen.

Tabelle 30: Differenzierte Darstellung der Faktoren des Projektwissensmanagements nach der Rolle der Befragten in den Projekten

	Rolle der Befragten in den Projekten								
	Projektleiter	Projekt-mitarbeiter	Sponsor / Auftraggeber	Leitung Projektstelle	Mitarbeiter Projektstelle	Beauftragter Projektmanagement	Qualitätsmanager für Projekte	Beratung / Coaching	Sonstiges
Freiräume	o	-	++	o	o	-	o	-	- -
Fehlerkultur	o	o	+	o	o	- -	o	- -	-
Vertrauen	o	o	++	o	o	-	+	-	o
Informelle Kommunikation	o	o	++	+	+	++	+	++	- -
Nutzenverständnis	o	o	++	o	o	++	o	++	-
Kontrolle	o	o	o	-	-	++	o	++	-
Rolle Management	o	- -	++	o	-	++	+	++	-
Standardisierung PM Methodik	-	-	++	++	++	o	+	o	o
Organisation WM	o	o	o	o	o	+	+	+	o
Aktivierung von Erfahrungen	-	- -	+	+	-	++	++	++	o
Qualitätssicherung	o	o	o	o	o	++	++	++	o
Wissenspermeabilität	o	o	++	+	+	++	+	++	- -
Prozess Definition	o	-	++	+	+	++	+	++	- -
Systemqualität: Nutzerfreundlichkeit	-	o	++	++	o	o	+	o	o
Systemqualität: Unterstützung	o	o	++	o	+	++	++	++	o
WM Systeme	-	-	++	o	-	++	+	++	-
Kommunikations-Systeme	o	o	++	o	o	++	+	++	-
Wissenstransfer Systeme	o	o	++	+	o	++	++	++	- -
Wissenstransfer Persönlich	o	o	++	+	o	++	+	++	- -

Legende: Abweichungen vom Mittelwert: stark positive Abweichung (++), positive Abweichung (+), keine Abweichung (0), stark negative Abweichung (- -) negative Abweichung (-).

2.8 Konstruktion eines Gesamtmodells des Projektwissensmanagements

Faktoranalytische Grundlegung

Die Identifizierung der Einflussfaktoren (vgl. Abschnitt 2.6) und die Konstruktion der beiden zu erklärenden Konstrukte „Projektwissensmanagementerfolg" (vgl. Abschnitt 2.2) und „Projekterfolg" (vgl. Abschnitt 2.4) erfolgte aus einer Vielzahl von Variablen mit Hilfe von konfirmatorischen Faktoranalysen. Das hypothetische Modell war bereits vorab auf der Grundlage konzeptueller Vorüberlegungen und den Ergebnissen der Experteninterviews entwickelt worden.

Als Kriterium für die Anzahl der zu extrahierenden Faktoren wurde das „Kaiser-Kriterium" verwendet, nach dem Faktoren mit einem Eigenwert von mindestens 1 ausgewählt werden. Als Extraktionsmethode wurde die „Hauptkomponenten-Analyse" (principal component) genutzt.[3] Die Rotationen wurden nach dem Verfahren der „Varimax-Methode"[4] durchgeführt. In die Faktoren wurden nur Variablen aufgenommen bzw. belassen, die eine Faktorladung von mindestens 0,5 aufwiesen. In den weitaus überwiegenden Fällen wurden allerdings deutlich höhere Faktorladungen berechnet. Für die Bestimmung der Faktorwerte wurde das Regressionsverfahren verwendet.

Zusammenhang zwischen den identifizierten Faktoren und dem PWM-Erfolg sowie Projekterfolg

In den vorangegangen Abschnitten wurden die hypothetisch konzipierten und faktoranalytisch bestätigten Einflussfaktoren sowie die diesen zugrundeliegenden einzelnen Variablen ausführlich beschrieben. In einer Kausalanalyse soll nun in einem weiteren Schritt der Einfluss dieser Faktoren auf den PWM-Erfolg und auf den Projekterfolg auf Multiprojektebene getestet werden, um diejenigen Faktoren zu identifizieren, die eine entscheidende Rolle im Wirkungsgefüge des Projektwissensmanagements und des Projektmanagements haben.

---

[3] Bei der Hauptkomponenten-Analyse wird unterstellt, dass die Varianz der Ausgangsvariablen vollständig durch die Extraktion von Faktoren erklärt werden kann.

[4] Die „Varimax-Methode" ist eine orthogonale (rechtwinklige Rotation), bei der angenommen wird, dass die Faktoren untereinander nicht korrelieren. Dadurch bleiben die Faktorachsen bei der Drehung in einem rechten Winkel zueinander.

Als Grundlage für die Kausalanalysen diente zunächst eine Korrelationsmatrix (vgl. Tabelle 31), aus der die Stärke des bivariaten Zusammenhangs zwischen PWM-Erfolg und Projekterfolg auf der einen Seite und den Einflussfaktoren auf der anderen Seite hervorgeht.

Tabelle 31: Zusammenhang zwischen den identifizierten Faktoren und PWM-Erfolg sowie Projekt-Erfolg (Korrelationskoeffizienten nach Pearson)

	Zusammenhang zum PWM-Erfolg	Zusammenhang zum Projekt-Erfolg
Freiräume	0,61	0,36
Fehlerkultur	0,53	0,32
Vertrauen & Partizipation	0,54	0,48
Informelle Kommunikation	0,50	0,36
Nutzenverständnis	0,46	0,60
Controlling/Messung	0,52	0,52
PM Methodik	0,48	0,37
Rolle Management	0,42	0,56
Organisation WM	0,58	0,44
Aktivierung von Erfahrungen	0,68	0,50
Wissenspermeabilität	0,60	0,38
Qualitätssicherung	0,41	0,36
Prozess Organisation	0,67	0,39
WM-Systeme/IT	0,58	0,40
Wissenstransfer	0,57	0,43
Systemqualität	0,67	0,42

Legende: Ein Korrelationskoeffizient von 0,3 oder größer bedeutet ein leichter Zusammenhang, ein Korrelationskoeffizient von 0,5 oder größer bedeutet ein starker Zusammenhang.

Aus der Korrelationsmatrix geht hervor, dass zwischen allen Faktoren sowohl zum PWM-Erfolg als auch zum Projekterfolg zumindest ein leichter bivariater Zusammenhang besteht.

Auf der Basis der Korrelationsmatrix wurden mit den konstruierten Faktoren mehrere Regressionsanalysen berechnet, um die Wirkungszusammenhänge von erfolgreichem PWM-Erfolg und Projekterfolg aufzuzeigen.

Determinanten für PWM-Erfolg

In einem ersten Schritt wurde nun analysiert, welche Determinanten in welcher Stärke den PWM-Erfolg beeinflussen. Hierzu wurden in einem iterativen Prozess[5] die 16 identifizierten Einflussfaktoren und weitere Kontextvariablen wie Unternehmensgröße, Marktposition und Markterfolg regressionsanalytisch mit PWM-Erfolg als abhängiger Variablen geprüft, wobei sich schließlich folgendes Modell mit einem Erklärungsanteil von 62% der Varianz (adjusted r-square = 0,619) herauskristallisierte:[6]

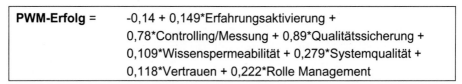

PWM-Erfolg =   -0,14 + 0,149*Erfahrungsaktivierung + 0,78*Controlling/Messung + 0,89*Qualitätssicherung + 0,109*Wissenspermeabilität + 0,279*Systemqualität + 0,118*Vertrauen + 0,222*Rolle Management

Abbildung 65: Einflussfaktoren für PWM-Erfolg

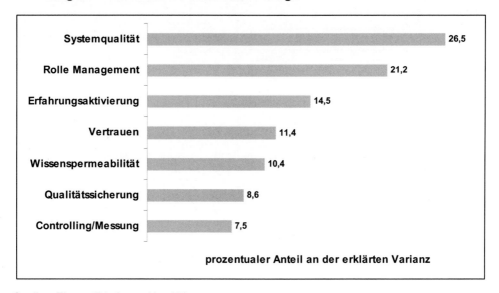

Quelle: Eigene Erhebung; N = 496.

---

[5]   Dieser Prozess sah in der Praxis so aus: Auf der Grundlage der Korrelationsmatrix wurde zuerst derjenige Faktor in die Regressionsanalyse aufgenommen, der die höchste Korrelation zum PWM-Erfolg aufwies. Im zweiten Schritt wurde der Faktor mit der zweithöchsten Korrelation dem Analysemodell zugeführt usw. Anhand der Gütekriterien (Bestimmtheitsmaß, Signifikanz und Regressionskoeffizienten) wurde nun entschieden, ob die Faktoren im Modell verblieben oder aber wieder entfernt wurden.

[6]   Alle Regressionskoeffizienten sind bei einer Irrtumswahrscheinlichkeit von 5% signifikant von 0 verschieden; Multikollinearität liegt nicht vor.

Den stärksten Einfluss (vgl. Abbildung 65) auf den PWM-Erfolg hat der dem Bereich „IT und Systeme" zuzuordnende Faktor „Systemqualität" (d.h. die Zweckmäßigkeit und Bedienungsfreundlichkeit der eingesetzten WM-Systeme). Dieser Faktor trägt mit mehr als einem Viertel zur erklärten Varianz des Gesamtmodells bei.

Ein weiteres zentrales Ergebnis ist die Bedeutung, die das „Management" für das Projektwissensmanagement hat. Dieses funktioniert umso besser, je mehr es vom Management eingefordert und aktiv unterstützt wird. Neben der Rolle des Managements konnte sich aus dem Gestaltungsfeld Organisation auch der Einflussfaktor „Controlling/Messung" im Regressionsmodell etablieren, trägt aber unter den einbezogenen Faktoren den geringsten Anteil zur Erklärung der Varianz bei.

Abbildung 66: Regressions-Modell mit PWM-Erfolg als abhängiger Variable

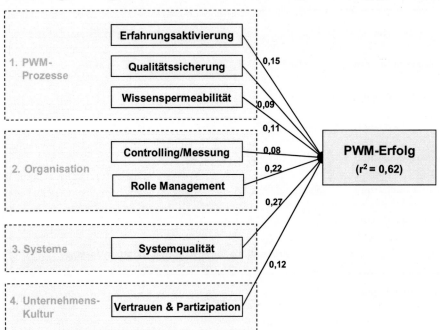

Ausgewiesene Werte: Beta-Werte (standardisierte Regressionskoeffizienten); Bestimmtheitsmaß r^2 = adjusted r^2.

Drei weitere unmittelbare Einflussfaktoren auf den PWM-Erfolg stammen aus dem Gestaltungsfeld PWM-Prozesse: „Erfahrungsaktivierung", d.h. der Umgang mit Erfahrungen aus abgeschlossenen Projekten, „Wissenspermeabilität", d.h. die Intensität des Wissensaustausches, und „Qualitätssicherung", d.h. die Systematisierung und Organisation des Wissens.

Aus dem Gestaltungsfeld Kultur spielt der Faktor „Vertrauen & Partizipation", definiert als der vertrauensvolle und vorbehaltlose Umgang der Projektmitarbeiter untereinander, eine nicht unbedeutende Rolle für ein funktionierendes Projektwissensmanagement.

Determinanten für Projekterfolg

In einem zweiten Regressionsmodell wurden die Wirkungszusammenhänge mit dem Faktor „Projekt-Erfolg" als abhängiger Variable betrachtet. Auch hier wurde analog zur Analyse des PWM-Erfolgs eine iterative Vorgehensweise gewählt, die die folgende Regressionsgleichung als optimales Modell ergab:[7]

Projekterfolg =	-0,724 + 0,264*PWM-Erfolg + 0,331*Freiräume + 0,227*Fehlerkultur

Von den 16 getesteten Einflussfaktoren aus den vier Gestaltungsfeldern sowie dem Faktor PWM-Erfolg wurden aufgrund der ausgewiesenen Gütekriterien (Bestimmtheitsmaß, Signifikanz und Regressionskoeffizienten) lediglich die drei Faktoren „PWM-Erfolg", „Fehlerkultur" und „Freiräume" im Modell belassen, mit dem 44% der Varianz erklärt werden.

Abbildung 67: Regressionsmodell mit Projekt-Erfolg als abhängiger Variable

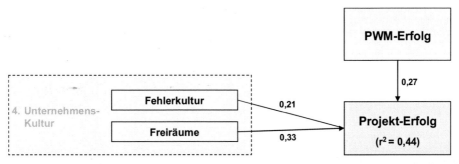

Ausgewiesene Werte: Beta-Werte (standardisierte Regressionskoeffizienten); Bestimmtheitsmaß r^2 = adjusted r^2.

---

[7] Alle Regressionskoeffizienten sind bei einer Irrtumswahrscheinlichkeit von 5% signifikant von 0 verschieden; Multikollinearität liegt nicht vor.

Wie die Regressionsanalyse zeigt, wirkt sich ein funktionierendes Projektwissensmanagement in nicht zu unterschätzendem Ausmaße unmittelbar auf den Erfolg auf Multiprojektebene aus.

Bedeutsamer aber für einen Projekt-Erfolg sind nach diesen Ergebnissen die Determinanten der Unternehmenskultur. Die diesem Bereich zuzuordnenden Einflussfaktoren „Fehlerkultur" (offener Umgang mit Fehlern und die Bereitschaft, dafür die Verantwortung zu übernehmen) und „Freiräume" (positive Handlungsoptionen der Projektmitarbeiter wie z.B. ein hohes Maß an Handlungs- und Entscheidungsautonomie, der Förderung von Kreativität und Eigeninitiative etc.) sind die zentralen Gestaltungsfelder für einen Projekterfolg.

Abbildung 68: Regressionsmodell mit PWM-Erfolg und Projekt-Erfolg als abhängigen Variablen

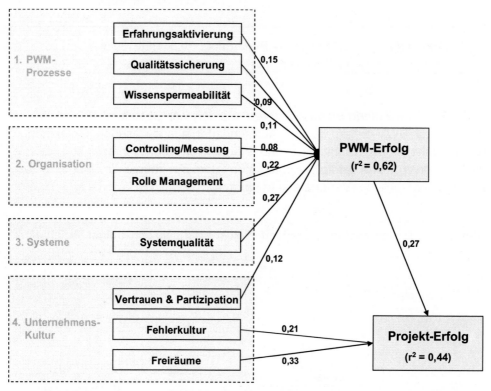

Ausgewiesene Werte: Beta-Werte (standardisierte Regressionskoeffizienten); Bestimmtheitsmaß r^2 = adjusted r^2.

In Abbildung 68 sind die beiden Regressionsgleichungen in ein Modell überführt. Ausgewiesen sind die neun der insgesamt 16 identifizierten Einflussfaktoren, die eine direkte Wirkung auf den PWM- bzw. den Projekt-Erfolg aufweisen (Einflussfaktoren erster Ebene). Die sieben, in den Regressionsrechnungen nicht bestätigten Faktoren, haben zwar keinen direkten Einfluss auf den PWM- und den Projekt-Erfolg, entfalten aber über die bestätigten Faktoren eine indirekte Wirkung (Einflussfaktoren zweiter Ebene). Dieses Wirkungsgeflecht wurde mittels weiterer Regressionsanalysen aufgeschlüsselt, in denen die Einflussfaktoren der ersten Ebene nun ihrerseits jeweils als zu erklärende Variablen („abhängige Variablen") zu Grunde gelegt wurden. Ausgenommen wurde aus inhaltlichen Erwägungen der Faktor „Rolle Management", der sinnvoll nur als gestaltendes Moment, nicht aber als zu erklärender Sachverhalt angenommen werden kann.

Abbildung 69: Regressionsmodell mit PWM-Erfolg und Projekt-Erfolg als abhängigen Variablen

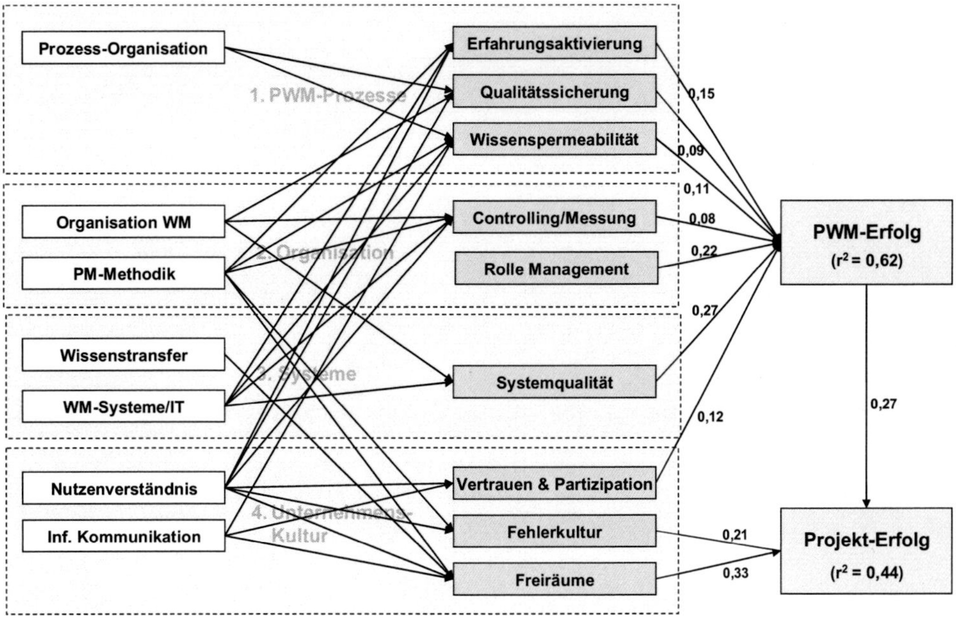

Ausgewiesene Werte: Beta-Werte (standardisierte Regressionskoeffizienten); Bestimmtheitsmaß r^2 = adjusted r^2.

Diese Wirkungsbeziehungen der Einflussfaktoren der zweiten Ebene auf die Einflussfaktoren der ersten Ebene sind in Abbildung 69 dargestellt, wobei aus Gründen der Übersichtlichkeit auf die Ausweisung der Regressionskoeffizienten und Bestimmtheitsmaße verzichtet wurde. Die Beziehungen sind stattdessen mit Pfeilverbindungen veranschaulicht. So nimmt beispielsweise die „Prozess-Organisation" aus dem Gestaltungsfeld „PWM-Prozess" Einfluss auf die

„Qualitätssicherung" und die „Wissenspermeabilität". Betrachtet man die Frequenz der Zuordnungen, fällt vor allem der unternehmenskulturelle Aspekt „Nutzenverständnis" auf, der mit Ausnahme der „Systemqualität" auf alle Faktoren der ersten Ebene seine Wirkung entfaltet. Ein gemeinsames Nutzenverständnis oder anders ausgedrückt, die von den Mitarbeitern geteilte Überzeugung, dass Wissen ein wichtiger Wettbewerbsvorteil des Unternehmens ist und auch für jeden einzelnen von Nutzen sein kann, scheint die zentrale Voraussetzung für ein gelingendes Projektwissensmanagement zu sein.

3 Best Practices im Management von Projektwissen

Ana Kristin Müller, Ralf von Breitenbach

Der vorliegende Abschnitt gibt eine Übersicht über bereits existierende, erfolgreiche Ansätze im Projektwissensmanagement in verschiedenen Branchen und Unternehmensgrößen. Die dargestellten Best Practices wurden im Zuge der 27 Experteninterviews der explorativen Vorstudie gesammelt und ausgewertet. Die Ergebnisse dieser Interviews geben zugleich einen Einblick in sowohl höchst unterschiedliche Ansätze als auch Entwicklungsstände des PWM in Unternehmen.

Entlang der zuvor verwendeten Einteilung in die Bereiche Prozesse, Kultur, Organisation und IT/Systeme werden einige ausgewählte Best-Practice Beispiele im Folgenden erläutert. Die hier vorgestellten Ansätze können für andere Unternehmen als Ansatzpunkte für die Verbesserung ihres PWMs dienen oder auch als Ausgangspunkt für weitere Überlegungen in der Gestaltung PWM unterstützender Maßnahmen. Zusätzlich werden einzelne umfassendere Best Practice Beispiele anhand ausgewählter Fälle vorgestellt.

3.1 Wissensmanagement-Strategie als Ausgangspunkt

Eine ausformulierte Wissensmanagementstrategie unterstützt die Umsetzung des (Projekt-) Wissensmanagementpotentials in konkrete Ziele. Dabei wird zum einen die allgemeine Relevanz von Projektwissensmanagement für das Unternehmen bekräftigt, zum anderen die Ableitung stringenter und konkreter Maßnahmen ermöglicht.

In fünf der befragten Unternehmen (von insgesamt 16 verwertbaren Aussagen) existiert eine ausformulierte Wissensmanagementstrategie (vgl. Tabelle 32). Darunter befinden sich höchst unterschiedliche Ausrichtungen, die auf die verschiedenen Unternehmensstrategien zurückzuführen sind. So finden sich die Schwerpunkte dieser Strategien teilweise nur in einem der vier Felder, Prozesse, Kultur, Organisation und Systeme. Beispiele sind etwa die Gewährleistung einer stringenten Ausrichtung des Wissensmanagements der regionalen Gesellschaften entlang der Globalstrategie für Wissensmanagement, die Umsetzung einer Balanced Scorecard für Wissensmanagement, das Legen von Schwerpunkten in der Art der Wissensweitergabe (kodifiziert vs. persönlich) und damit auch die bewusste Entscheidung für die Verwendung und Forcierung bestimmter Wissensmanagementtools.

Tabelle 32: Umfang der Wissensstrategien in befragten Unternehmen

Art und Umfang der Wissensstrategie	Anzahl
W-Strategie vorhanden	5
Leitsätze vorhanden	2
Teilweise existieren Ansätze	5
Implizit vorhanden	2

Die genannten Ziele der Wissensstrategien decken sich weitestgehend mit der in der standardisierten Befragung genannten Zwecke. Eine eindeutige Rangliste dieser Ziele lässt sich auf Grund der geringen Fallzahl nicht vornehmen, bis auf „Dokumentation der Arbeit" sind die genannten Ziele jedoch deckungsgleich mit den in Literatur und in der standardisierten Befragung genannten Zielen.

Tabelle 33: Genannte Ziele der Wissensstrategie im Zuge der Interviews

Genannte Kernziele des Wissensmanagements (Mehrfachnennung möglich)	Anzahl
Innovationsförderung	2
Wiederverwendung von Wissen/höhere Arbeitsgeschwindigkeit	3
Sicherung Erfahrungs-/Führungswissen	2
Strukturierung/Standardisierung von Wissen	1
Sicherung/Verfügbarkeit nichtstandardisierten Wissens	1
Dokumentation der Arbeit	1

3.2 Prozesse

Im Zusammenhang mit konkreten und messbaren Zielen im Wissensmanagement fordern nur wenige Unternehmen eine verbindliche Umsetzung. Dabei handelt es sich bei den gestellten Zielen im Idealfall um die konkreten Umsetzungsanweisungen der aus der Strategie abgeleiteten Kernziele.

Tabelle 34:   Beispiele und Häufigkeit genannter definierter und gemessener Wissenszielen

Genannte definierte und gemessene Wissensziele (3.3a)	Anzahl
Nutzung und Evaluation des bereitgestellten Wissens	3
Schulungsverpflichtungen für Mitarbeiter	3
Bildung von Expertenwissen durch Mitarbeiter	3

Bei der Überprüfung der Umsetzung der konkreten Wissensziele sind wesentliche Unterschiede in der Art der Messung zu beachten:

In den befragten Unternehmen findet die Messung der Wissenszielerreichung zum großen Teil durch die Überprüfung der Nutzungsintensität des bereitgestellten Wissens und dessen Wiederverwendung statt. Die meisten genannten Methoden basieren auf der Messung von bloßen Zugriffszahlen auf Wissenssysteme oder Dokumente. Dies zeigt zwar, dass die genutzten Anwendungen/Werkzeuge bekannt sind, lässt aber nur indirekte Schlussfolgerungen über deren Qualität zu.

Wissensziele definieren und adäquat messen

Vereinzelt werden auch weiterführende Ansätze, die eine Aussage über die Qualität des Wissensmanagements ermöglichen, durchgeführt: Dabei wird zumeist eine indirekte Messung der Qualität durch Key Performance Indicators (KPI) durchgeführt wie z.B. Anzahl neu entwickelter Produkte, Verkaufszahlen der Produkte und Verkäufe patentierter Lösungen.

Die Frage nach Alternativen zur größtenteils nur indirekt durchgeführten Messung bei der Erfassung des Zielerreichungsgrads bleibt generell bestehen. Der tatsächliche Erreichungsgrad kann in den meisten Fällen nur geschätzt werden. Allerdings gibt es Unterschiede, wenn die verschiedenen Arten des zu bewertenden Wissens betrachtet werden. So kann die objektive Bewertung von Expertenwissen beispielsweise durch den Abgleich von Fremd- und Eigenbewertung des Expertenwissens erfolgen. Die Absprache der persönlichen

Wissensziele mit dem Vorgesetzten bietet hingegen eine gewisse Verbindlich-keit, wenn es um die Aneignung von Expertenwissen geht. Diese Vorgehens-weisen sind insgesamt Maßnahmen, um das Vertrauen in die objektive Bewer-tung des Expertenwissens von potenziellen Ansprechpartnern im Unterneh-men zu steigern. Im Kontext der Wissensstrategie kann der zusätzliche Auf-wand der qualitativen Zielerreichungsmessung mit den Schwerpunkten der Strategie abgeglichen werden, um den Mehraufwand bestmöglich zu fokussie-ren.

Systematische Ansätze unterstützen die Umsetzung

Die Systematisierung des Projektwissensmanagement kann die Umsetzung eines umfassenden Projektwissensmanagements im Unternehmen unterstüt-zen. Durch Ansätze wie z.B. einer konsequenten Ableitung der Wissensziele aus der Gesamtstrategie und die durchgängige Unterstützung dieser Ziele durch entsprechende Prozesse und Systeme, wird im Gegensatz zu den in den Interviews am häufigsten genannten expliziten Teilansätzen ein umfas-sendes Projektwissensmanagement unterstützt. So kann verhindert werden, dass einzelne „Insellösungen" entstehen, innerhalb derer zwar Projektwis-sensmanagement durchgeführt wird, weitere Abteilungen eines Unternehmens jedoch ausgeschlossen sind.

Tabelle 35: **Art und Anzahl der Ansätze von Projektwissensmanagement in den befragten Unternehmen**

Umfang systematischer PWM-Ansätze in Unternehmen	Anzahl
Teilweise existierende Ansätze	6
Implizit vorhandene Ansätze	2
Bestehende Leitsätze	1
Systematische Ansätze	1

Eine weitere in den Interviews genannte Kategorie kann zu impliziten Ansätzen zusammengefasst werden (vgl. Tabelle 35). Implizite Ansätze bestehen in einem Fall aus Maßnahmen entlang der (impliziten) Wissensmanagementstra-tegie der Personifizierung. Dabei steht vor allem die Berücksichtigung von Expertenwissen bei der Projektbesetzung bzw. das Auffinden von Personen mit diesem Wissen im Unternehmen im Vordergrund. Im anderen Fall ist ein antizipativer, „gelebter Prozess" Grund für einen impliziten, aber systemati-schen Ansatz: Relevantes Wissen wird aus Projekten segmentübergreifend an

die Projekt- oder den Segmentleiter verteilt. In beiden Fällen werden die Maßnahmen nicht explizit oder „von oben" vorgegeben, aber dennoch von allen
Mitarbeitern beherzigt.

Best-Practice Beispiel Nr. 1: Automobilbranche: Systematik entlang der
Prozessstrukturen:

Als Beispiel eines systematischen Projektwissensmanagements dient ein
Unternehmen aus der Automobilbranche, bei dem das PWM entlang der
Prozessstrukturen verläuft: Hier geben die jeweiligen Projektverantwortli-
chen ihre Erfahrungen an ein Prozesssteuerungsgremium weiter. Dieses
Gremium verteilt diese an andere Projekte und fungiert dabei auch als
Themenverantwortlicher, z.B. für Terminplanung und Risikomanagement.

Verbesserung von PWM durch Best-Practice-Projekte

Die erfolgreich durchgeführten Aktivitäten für die Verbesserung des PWM
weisen eine große Spannweite auf. Unter den systematischen Ansätzen im
PWM fällt das folgende Beispiel aus der Bauwirtschaft auf, bei dem die kontinuierliche Überprüfung und Verbesserung der bestehenden Gesamtverfahren
im Vordergrund steht. Dieser permanente Überprüfungs- und Verbesserungsprozess wird über die Durchführung von Best-Practice Projekten und deren
anschließende Übertragung als neuen Standard erreicht (vgl. Best-Practice
Beispiel Nr. 2).

Best-Practice Beispiel Nr. 2; Bauwirtschaft: Kontinuierliche Überprüfung der
Prozesse und Strukturen

Im Unternehmen besteht eine Organisationseinheit „Lean Management",
die in permanentem Austausch mit den Mitarbeitern auf den Baustellen
steht und mit diesen gemeinsam verbesserte Prozesse erarbeitet. Diese
werden im Anschluss auf den Baustellen erprobt und implementiert. Bei
einer erfolgreichen Umsetzung dieser Prozesse in den Baustellen werden
diese Veränderungen über ein Managementsystem als neuer Standard bekannt gemacht und etabliert.

Bestandteil dieser Vorgehensweise ist zunächst die Schulung der Beteilig-
ten im Lean-Management. Die Schulungen enthalten sowohl theoretische
Erläuterungen als auch praktische Simulationen, um allen Beteiligten das
Verständnis von „Lean" zu vermitteln. Dabei werden den Mitarbeitern die

Prinzipien des Lean-Managements vermittelt und auf die Einbeziehung von Erkenntnissen aus Entwicklungen in anderen Branchen hingewiesen.

Im Anschluss an die Schulungen gibt ein definierter Prozess den weiteren Ablauf vor: Im Rahmen des Startgesprächs in einem Pilotprojekt wird die gesamte Vorgehensweise erläutert und im Anschluss daran die einzelnen Prozesse definiert. Entlang von Leitfäden, die auf Basis bisher erarbeiteter Best Practices aus anderen Projekten entwickelt und kontinuierlich verbessert werden, werden Planung, Arbeitsvorbereitung und Logistik durchgeführt und diese Vorgehensweise implementiert.

In den Experteninterviews wurden folgende weiteren Ansätze gesammelt:

- Integration von Wissen aus unterschiedlichen Quellen (intern/extern)
- Definierte Verantwortlichkeiten
- Kompetenzmanagement (Wissenslandkarten)
- Regelmäßiger Austausch unter den Projektmanagern
- Methodensicherheit
- Erfahrungssicherung

3.3 Kultur

Wie die Auswertungen der standardisierten Befragung zeigt, haben kulturelle Faktoren wie Vertrauen, informelle Kommunikation und der Umgang mit Fehlern einen starken Einfluss nicht nur auf den Erfolg des Projektwissensmanagements sondern auf den Erfolg des Projektes selbst. Im Zuge der Experteninterviews wurden einige Aspekte genannt, die aus Sicht der Interviewten einen starken Einfluss auf die Unternehmens-, bzw. Abteilungskultur haben (vgl. Tabelle 36).

Tabelle 36: **Genannte Ansätze zur Verbesserung der PWM-Kultur und Anzahl der Nennungen**

Maßnahmen zur Gestaltung des Wissensaustauschs	Anzahl
Offene, transparente Kommunikation (auch über den Nutzen von PWM)	5
Vorbildfunktion der Führungskräfte	3
Berücksichtigung des Themas bei der Personalauswahl	2
Ernennung eines Verantwortlichen für das Thema (auch organisationsweit)	1

Durch die Förderung informeller Kommunikation, beispielsweise im Rahmen von sogenannten „Project Management Communities" oder „Brown Bag Lunches", kann der Wissensaustausch von Projektmitarbeitern begünstigt werden. Darüber hinaus ist auch die Schaffung des allgemeinen Verständnisses vom Nutzen eines gelebten PWM-Prozesses für die einzelnen Mitarbeiter wichtig. Dies kann durch Projektleitertreffen, aber auch durch breitere Plattformen wie Fachvorträge einzelner Mitarbeiter und Projektmanagementforen forciert werden. Eine große Rolle spielt nach Meinung der Befragten auch die Funktion der Vorgesetzten als Vorbild. Häufig werden von den Vorgesetzten Maßnahmen eingefordert, deren Umsetzung die Vorgesetzten aber selbst nicht befolgen.

Best-Practice Beispiel Nr. 3: Transport: Berücksichtigung der kulturellen Faktoren im PWM-Schulungsprozess

Wissensmanagement an Unternehmenszielen ausrichten, als Ertragshebel nutzen Unternehmen funktionieren nur dann erfolgreich, wenn Wissen ein frei gehandeltes Gut ist, d.h. die Mitarbeiter zum Austausch ihrer Kenntnisse und Erfahrungen bereit sind und dadurch Nutzen erlangen.

Dies hat auch ein Unternehmen mit ca. 650 Mitarbeitern, davon 20 % in Auslandsprojekten erkannt. „Welches Wissen benötigen wir? Welches Wissen haben wir in unserem Unternehmen? Wie vermeiden wir die Neu-Produktion von bereits vorhandenem Wissen, d.h. wie kommt das Wissen von einem Projekt in das andere?" Dies sind die strategischen Fragen, die dem Wissensmanagement des Unternehmens zugrunde liegen und dass sich auf mehrere Säulen stützt:

Weiterbildungsbedarf zielgerichtet ermitteln und decken

Ausgehend von den Unternehmenszielen und den Anforderungen des Marktes wurden für die verschiedenen Fachbereiche (Vertrieb, Engineering etc.) die erfolgswirksamen Wissensgebiete identifiziert und Wissens-Soll-Profile ermittelt. Basierend auf diesem Raster wurden die Mitarbeiter befragt, wie sie ihre Kenntnisse und Fähigkeiten in diesen Gebieten einschätzen und so eine Wissenslandkarte generiert, die die Über- und Unterdeckung von Know-how-Bereichen klar aufzeigt. Die daraus ablesbaren Weiterbildungsmaßnahmen erstrecken sich von der Benennung von „Wissenssparten" bis hin zur Teilnahme an Seminaren und Lehrgängen.

Die zweite Säule ist die Einrichtung von SharePoint-Servern, auf denen Wissensmodule abgelegt und abgerufen werden können. Minimale formale Vorgaben stellen sicher, dass diese Module auch von Dritten gefunden und genutzt werden können. Die SharePoint-Server werden gleichzeitig als „lebende Projektdokumentationen" genutzt und sind über weltweiten Fernzugriff jederzeit erreichbar. Wichtig ist, dass die Mitarbeiter keinen Zusatzaufwand benötigen, um ihr Wissen allgemein verfügbar abzulegen, deshalb wurde der Server der Projektdokumentation zentralisiert und gleichzeitig als gemeinsame Wissensdatenbank genutzt.

Die Mitarbeiter sind aber nicht nur auf elektronische Quellen angewiesen. Für besonders aufwändige Fragen wie z.B. die Beschaffung von ausländischen technischen Regelwerken steht ein Zentrum für Recherche und Informationsbeschaffung zur Verfügung.

Kulturelle Faktoren als „Conditio sine qua non"

Die technischen Voraussetzungen bilden jedoch nur die notwendige, jedoch keinesfalls auch die hinreichende Bedingung für erfolgreiches Wissensmanagement. Dieses Geschäft funktioniert, wie bei Finanzinstituten, nur auf der Basis gegenseitigen Vertrauens und – fast noch wichtiger – einer angemessenen Fehlertoleranz. Nicht nur die Doppel-Produktion von Wissensmodulen soll vermieden werden, sondern auch die Wiederholung von Fehlern in der Projektabwicklung. Und gerade der letztgenannte Punkt ist ohne Vertrauen nur schwer umsetzbar. Deshalb sieht das Unternehmen die Lehrgänge und Seminare für ihre Mitarbeiter nicht nur unter dem Aspekt der reinen Wissensvermittlung, sondern fördert über diese Instrumente auch gezielt die interpersonale Vernetzung.

Ein weiterer Ansatz ist die gegenseitige Vorstellung laufender Projekte durch die Projektmitarbeiter. Wichtig dabei ist das Eingestehen von Fehlern oder besser: die Hinweise darauf, was man das nächste Mal besser machen würde. So sollen die Projektleiter mehr den Fokus auf die Lösungen als auf die Probleme legen.

Aber dies ist ein allgemein verbreitetes Phänomen: wer gibt schon gern seine guten Ideen preis, auch wenn es dem Nutzen der Kollegen und damit des Unternehmens dient? Und schließlich: Nicht nur das Geben, auch das Annehmen von Wissen braucht Vertrauen in die Person und ihre Kompetenz. Wertvolle Erfahrungen werden ausgeschlagen, weil man der Person nicht traut oder „die Chemie nicht stimmt".

Ein dritter Hebel ist die Verpflichtung der Fachbereichsleiter, im SharePoint-Server gezielt nach Innovationen für ihre Bereiche zu suchen. Dies wird in den Zielvereinbarungen niedergelegt und die dafür erforderliche Zeit zur Verfügung gestellt.

Die regelmäßige Auditierung großer Projekte und die strukturierte Durchführung von Lessons-Learned-Workshops sind ein weiteres wichtiges Instrument zur Gewinnung von Projektwissen. Die Lessons-Learned-Workshops werden dabei erst einige Zeit nach Projektende durchgeführt, um auch Erfahrungen aus der Betriebsphase auswerten zu können. Denn Projekte sind nur dann erfolgreich, wenn am Ende nicht nur die gesetzten Projektziele erreicht, sondern auch die Nutzer zufrieden gestellt sind.

Wissensmanagement als stetige Herausforderung

Das Unternehmen ist mit der Strategie und Umsetzung im Wissensmanagement bereits sehr weit fortgeschritten und kann anderen Unternehmen eine Reihe von Anregungen bieten. Um jedoch erfolgreich zu bleiben, muss man – wie im Sport – ständig „trainieren", d.h. messen und sich verbessern. Dies wurde erkannt und deshalb wird ständig an der Weiterentwicklung der technischen Systeme, der Weiterbildung der Mitarbeiter und der Verbesserung der unternehmenskulturellen Voraussetzungen gearbeitet.

3.4 Organisation

Eine klare organisatorische Zuordnung von Verantwortung für Bereiche des Projektwissensmanagements unterstützt das gesamte Projektwissensmanagement. Die Institutionalisierung kann im Unternehmen an unterschiedlichen Stellen erfolgen: einmal auf der Ebene der Projektleiter, um gegebenenfalls relevantes Wissen an entsprechende Linienstellen weiterzugeben oder darauf hinzuweisen. In diesem Fall liegt die Aufgabe der Wissenssicherung bei einer speziell dafür eingerichteten Linienfunktion und gewährt damit unter Umständen eine bessere Sicherung des Projektwissens, da konkurrierendes Projekttagesgeschäft entfällt.

Best-Practice Beispiel Nr. 4: Beratung: Organisationale Einheit zur Sicherung von Projektwissen

In dem befragten Unternehmen wurden die Funktionsstellen für WM-Spezialisten eingerichtet, deren Aufgabe die Sammlung und Sicherung des Wissens aus den Projektteams ist.

Zu diesem Zweck wird bei Projektabschluss von den Projektbeteiligten ein 1 Pager über die Projektziele, Schritte und Ergebnisse ausgefüllt, der im Bedarfsfall auch die Nennung von Lessons Learned umfasst. Diese 1 Pager werden von den Wissensspezialisten auf interessante Fälle zur Inhaltskodifizierung für das Intranet überprüft. Bei Bedarf werden im Anschluss auch Interviews mit den betreffenden Projektbeteiligten durchgeführt.

In einigen Interviews war die Funktion der Wissenssicherung und Sammlung auch Aufgabe des Projektmanagement Office (PMO). Dieses sammelt relevantes Wissen aus den Projekten und bereitet es für die Wiederverwendung auf. Zusätzlich kann ein PMO auch die Vermittlung von Wissens- und Erfahrungsträgern bei der Auswahl von Teams übernehmen.

PMOs als organisationales Gedächtnis

Im Zuge der Experteninterviews wurde das PMO auch häufig als Anlaufstelle für Fragen zur Projektmanagementmethodik und Hilfesteller bei ihrer Anwendung genannt. So können die Methoden kontinuierlich den Projektanforderungen angepasst und verbessert werden. Diese Methoden können auch Prozesse der Wissenssicherung im Projekt umfassen.

Gestaltungsmöglichkeiten

Eine klare organisatorische Zuordnung von Verantwortlichkeiten sowohl für Projektmanagementmethoden als auch für Bereiche des Projektwissensmanagements unterstützt den Projektwissensmanagementprozess. Die Institutionalisierung kann im Unternehmen an unterschiedlichen Stellen erfolgen: einmal über die Funktion des Projektleiters mit der Aufgabe, gegebenenfalls relevantes Wissen an eine entsprechende Linienstelle weiterzugeben oder auf dieses Wissen hinzuweisen. In diesem Fall liegt die Aufgabe der Wissenssicherung bei einer speziell dafür eingerichteten Linienfunktion und gewährt damit unter Umständen eine bessere Sicherung des Projektwissens, da das konkurrierende Projekttagesgeschäft entfällt. Diese Funktion, Sammlung von Wissen und dessen Aufarbeitung für die Wiederverwendung, kann auch Aufgabe des PMO sein.

Als weitere Punkte für eine Unterstützung des Projektwissensmanagements wurden die Qualifizierung und Schulung der Projektbeteiligten genannt. Diese erleichtern die projektbasierte Zusammenarbeit und können so auch eine Basis für Wissenssicherungsprozesse bilden.

In den Experteninterviews wurden folgende weitere Ansätze gesammelt:

- Professionalität im Umgang mit Projektmanagement-Methodik
- Definition einer Projektmanagement-Laufbahn zum Kompetenzerhalt
- Projektmanagement-Zertifizierung als Kompetenz- und Erfahrungsnachweis
- Erreichen von Projektmanagement-Zertifizierungsstufen als Voraussetzung für die Übernahme von Projektverantwortung
- Pool mit „hauptamtlichen" Projektmanagern

3.5 Infrastruktur/IT

Die meisten der befragten Unternehmen nutzen IT-Systeme zur Unterstützung des PWM. Allerdings variieren Umfang und Durchgängigkeit der erfolgreich genutzten Systeme. Dabei ist vor allem festzustellen, dass eine umfangreiche IT-seitige Unterstützung nicht gleichbedeutend mit einem erfolgreichen PWM ist. Wichtig bei der Auswahl von Systemen ist, dass diese letztendlich von den potenziellen „Usern" angenommen werden. Die Nutzung der verschiedenen IT-Systeme kann auch innerhalb eines Unternehmens schwanken. Während bei einigen Abteilungen der Wissens-Austausch über Foren und sogenannte „Wikis" erfolgreich ist, bleiben diese Werkzeuge in anderen Abteilungen aus den unterschiedlichsten Gründen unbeachtet. Daher ist ein Abgleich mit den kulturellen Rahmenbedingungen des Unternehmens bzw. den einzelnen Abteilungen wichtig für den erfolgreichen Einsatz von IT-Werkzeugen. Allgemein wurde in den Interviews darauf hingewiesen, dass bei der Einführung von mehrdirektionalen Instrumenten zum Wissensaustausch darauf zu achten ist, dass die Anzahl der potenziellen User eine „kritische Masse" übersteigt.

Die Bandbreite der erfolgreich genutzten Systeme umfasste bei den befragten Unternehmen eine große Bandbreite an Tools, wobei eine Mehrzahl der Unternehmen mehrere Werkzeuge einsetzte:

- Elektronische Ablagen

- Foren/Wikis

- Dokumenten-Management/Team-Rooms

- Experten-Datenbanken

- Terminologiedatenbanken

- Knowledge Management Programme (Lotus notes etc.)

Systematische WM-Prozesse und ihre Unterstützung durch IT-Werkzeuge lässt sich anhand des Beispiels einer befragten Unternehmensberatung erläutern:

Best-Practice Beispiel Nr. 5: Beratung: konsequente Unterstützung der PWM-Strategie durch IT-Systeme: Gezielte Förderung von informellem Austausch und „weiche", flexible Regelungen

Der vom Unternehmen geförderte Aufbau und Erhalt persönlicher Netzwerke entspricht dem Konzept informeller Netzwerke. Dementsprechend wird eine kontinuierliche Unterstützung dieses Ansatzes auch durch die IT-Werkzeuge geboten. So liegt der Schwerpunkt des IT-gestützten Wissensmanagements auf dem Auffinden und der Vernetzung von Experten:

Ausgangspunkt für die Bildung eines persönlichen Netzwerkes ist dabei der Mentor, welcher als erfahrener Mitarbeiter die Einarbeitung neuer Mitarbeiter unterstützt und von dessen Erfahrung und dessen persönlichen Netzwerk diese profitieren.

Die Identifikation von Projektwissen, Innovationen sowie Vermarktungspotenzialen wird durch ein Netz von Knowledge Officers systematisiert. Diese sind die verantwortlichen Ansprechpartner für Ihre jeweiligen Bereiche und stehen in regelmäßigem Austausch.

Das Wissensmanagementsystem allgemein wird durch ein modulares und vernetztes Datenbank-System abgebildet, wodurch ein effizienter Zugriff auf kodifiziertes Unternehmenswissen ermöglicht wird.

Dabei werden Werkzeuge eingesetzt, welche die Bildung und das Fortbestehenden von Communities of Practice unterstützen (z.B. Team-Rooms), die Institutionalisierung von Experten-Netzwerken ermöglichen (z.B. Blue pages) sowie temporäre projekt- und aufgabenbezogene Arbeitsgruppen unterstützen. Die dabei verwendeten virtuellen „Team-Rooms", sowie bereitgestellte Software für Online-Meetings unterstützen die Zusammenarbeit kleinerer (Projekt-) Teams.

Ein weiterer Bereich ist das Skill Management. Hier wird die Transparenz über vorhandenes Expertenwissen durch „Gelbe Seiten" und einer Skill- und Kompetenz-Datenbank unterstützt.

4 Ansätze zur Verbesserung des Projektwissensmanagements

Bastian Hanisch, Michael Gschwendtner

Aus den Erkenntnisse über die Erfolgsfaktoren für das Projektwissensmanagement sowie den Auswirkungen desselben auf den Projekterfolg lassen sich Ansätze für die Verbesserung des Projektwissensmanagements in der Praxis ableiten. Dadurch kann sowohl der absolute Zielerreichungsgrad (Projektergebnis, Termintreue, Kostentreue und Kundenzufriedenheit), als auch die Effizienz gesteigert werden. Ansatzpunkte dafür bieten die vier Gestaltungsfelder Prozesse, Kultur und Führung, Organisation sowie IT und Systeme mit ihren jeweiligen Unterkategorien. Grundsätzlich sollte das Augenmerk auf den sich in der Kausalanalyse als besonders einflussstark erwiesenen Faktoren liegen. Darauf basierend müssen in Abhängigkeit von der vorliegenden Branche und Projektart sowie weiterer Randbedingungen, jeweils unternehmensspezifische Lösungen entwickelt werden.

Die grundlegende Ausrichtung der Gestaltungsfelder des Projektwissensmanagements wird, wie in Abbildung 70) veranschaulicht, durch die übergreifende Strategie festgelegt. Diese lässt sich nicht trennscharf von der Wissensmanagementstrategie abgrenzen, sollte jedoch zusätzlich die besonderen Rahmenbedingungen der Projektarbeit wie wechselnde Personalkonstellation, zeitliche Begrenztheit und die durch hohen Zeitdruck meist kurzfristige Orientierung berücksichtigen.

Abbildung 70: Die Strategie bildet den Rahmen für die vier Projektwissensma-nagement-Kernelemente

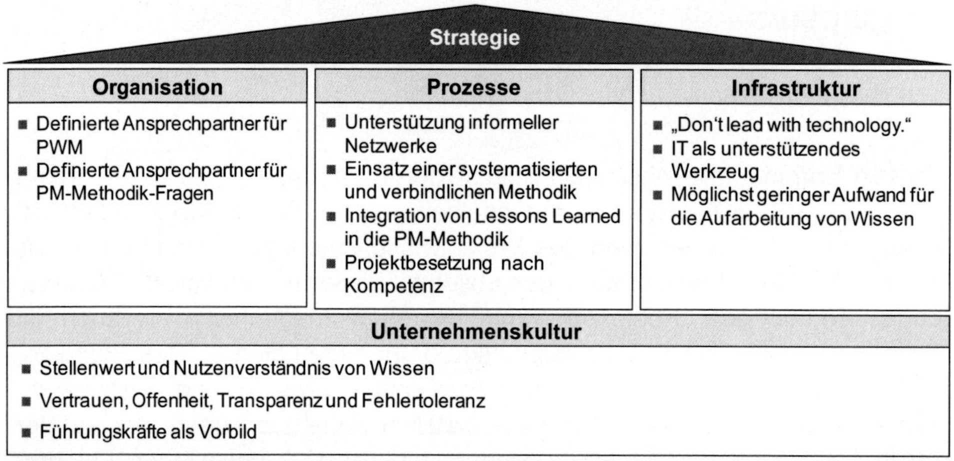

Strategie		
Organisation	**Prozesse**	**Infrastruktur**
■ Definierte Ansprechpartner für PWM ■ Definierte Ansprechpartner für PM-Methodik-Fragen	■ Unterstützung informeller Netzwerke ■ Einsatz einer systematisierten und verbindlichen Methodik ■ Integration von Lessons Learned in die PM-Methodik ■ Projektbesetzung nach Kompetenz	■ „Don't lead with technology." ■ IT als unterstützendes Werkzeug ■ Möglichst geringer Aufwand für die Aufarbeitung von Wissen
Unternehmenskultur		
■ Stellenwert und Nutzenverständnis von Wissen ■ Vertrauen, Offenheit, Transparenz und Fehlertoleranz ■ Führungskräfte als Vorbild		

Quelle: Eigene Darstellung.

Da zwischen den Gestaltungsfeldern Organisation, Prozesse, Infrastruktur und Kultur starke Interdependenzen bestehen, ist eine alleinige Optimierung *einzelner* Bereich wenig Erfolg versprechend. Daher sollen in einem integrierten Ansatz die Abhängigkeiten berücksichtigt und die Ausprägungen in den Gestaltungsfeldern aufeinander abgestimmt werden. So sollten beispielsweise die in Projekten stattfindenden Prozesse durch eine entsprechende Infrastruktur unterstützt werden. Wie aber wiederum die Prozesse optimal zu gestalten sind, wird auch durch die bestehende Organisation und die vorherrschende Unternehmenskultur bestimmt.

Wie ein generischer Verbesserungsprozess zur Verbesserung des Projektwissensmanagements angewendet werden kann, wird in Abschnitt 4.1 diskutiert. Abschnitt 4.2 zeigt beispielhaft, wie die Studienergebnisse im Rahmen von Evaluation und Konzeption genutzt werden können, während im letzten Unterkapitel einige weiterführende Ideen entwickelt werden.

4.1   Vierstufiger Projektwissensmanagement-

Verbesserungsprozess

Ausgangspunkt für die Verbesserung des Projektwissensmanagements ist ein praxiserprobter, vierstufiger Optimierungsprozess (vgl. Abbildung 71).

Abbildung 71: **Vierstufiger Projektwissensmanagement-Verbesserungsprozess**

Quelle: Eigene Darstellung.

In einem ersten Schritt wird ein Projektstart-Workshop durchgeführt, in dessen Rahmen die Projektziele festgelegt, wichtige Rahmenbedingungen abgesteckt und die weiteren Vorgehensweisen geplant werden. Insbesondere ist zu klären, ob in der Organisation bereits eine Wissensmanagement-Strategie existiert, die im Projektverlauf berücksichtigt werden muss. Ist dies nicht der Fall oder sind keine Wissensmanagementziele definiert, sollte dieser Schritt durchgeführt und Gewichtungen beziehungsweise Prioritäten für die einzelnen Ziele gesetzt werden. Als erster Anhaltspunkt dafür können die in Abschnitt 2.5.2 genannten Ziele dienen. Mögliche darüber hinaus gehende organisationsspezifische Ziele müssen entsprechend ergänzt werden.

Konkrete Fragestellungen, welche die Zieldefinition unterstützen können, sind zum Beispiel:

- Welchen Stellenwert hat Wissen aktuell im Unternehmen? Soll der Status quo verändert oder beibehalten werden?

- Gibt es konkrete Auslöser für den Wunsch nach einer Verbesserung des Projektwissensmanagements?

- Wie kann Projektwissensmanagement in ein möglicherweise existierendes unternehmensweites Wissensmanagement integriert werden?

- Soll ein unternehmensübergreifendes Projektwissensmanagement-Verbesserungsprojekt durchgeführt werden oder erfolgt eine Konzentration auf eine Organisationseinheit als Pilotprojekt?

Die Studie hat unter anderem ergeben, dass informeller Wissensaustausch von hoher Bedeutung für die Projektarbeit ist. Dies sollte bei einem Verbesserungsprojekt durch entsprechende Maßnahmen von Beginn an berücksichtigt werden.

Ergebnisse des Projektstart-Workshops sind Anforderungen an das Verbesserungsprojekt und damit zusammenhängend ein Soll-Zustand des Projektwissensmanagements im gesamten Unternehmen oder der betrachteten Organisationseinheit. Zur Operationalisierung der Strategie und der damit korrespondierenden Ziele können etablierte Konzepte aus dem strategischen Management verwendet werden, beispielsweise eine (Projekt-)Wissensmanagement-Balanced-Scorecard und entsprechende Strategy Maps.

Phase 1: Bestandsaufnahme

In der Analysephase erfolgt zunächst die Aufnahme der bereits bestehenden Projektwissensmanagementansätze. Zu diesem Zweck werden zwei Werkzeuge verwendet, die in ähnlicher Form schon bei der Durchführung der empirischen Studie eingesetzt wurden: In teilstandardisierten Experteninterviews mit ausgewählten Mitarbeitern werden anhand eines Interviewleitfadens insbesondere die „weichen" Faktoren des Projektwissensmanagements herausgearbeitet (z.B. Einflüsse der Unternehmens- oder Landeskultur; Arten des informellen Austauschs von Wissen), ohne jedoch die übrigen Themen Infrastruktur/IT, Organisation und Prozesse außer Acht zu lassen. Der in Interviews zu befragende Personenkreis wird mit dem Projektauftraggeber gemeinsam ausgewählt. Ziel ist eine heterogene Zusammensetzung (beispielsweise Führungskräfte aus der Linienorganisation, Projektmanager, Projektmitarbeiter, Wissensmanager, etc.), so dass ein möglichst umfassendes Bild aus unterschiedlichen Perspektiven gewonnen werden kann. Der Vorteil der persönlichen Interviews ist, dass sowohl auf Seiten des Fragestellers als auch des Interviewpartners einfacher Fragen gestellt und Zwischentöne wahrgenommen werden können als bei einer anonymen Erhebung per Fragebogen. Dies gleicht den Nachteil des erhöhten Zeitaufwandes aus, solange der Adressatenkreis eine gewisse Größe nicht überschreitet.

Im Gegensatz zu den Interviews kann und sollte der standardisierte Fragebogen einem möglichst großen Empfängerkreis zugeleitet werden. Es bietet sich an, allen mit Projekten befassten Mitarbeitern in der betrachteten Organisationseinheit ein Antwortformular zukommen zu lassen.

Phase 2: Evaluation

In der Evaluationsphase werden die gesammelten Daten ausgewertet. Dabei wir zunächst die Gegenüberstellung des in der Startphase definierten Soll- mit dem in der Bestandsaufnahme erhobenen Ist-Zustands vorgenommen. Innerhalb der vier Gestaltungsfelder des Projektwissensmanagements (Organisation, Prozesse, Infrastruktur und Kultur) können auf diese Weise Lücken identifiziert werden, die einen ersten Ansatzpunkt für die weitere Optimierungsanstrengungen bieten. Als weitere Maßnahme werden die Ergebnisse aus Phase 1 den im Rahmen der Studie gesammelten Daten in Form eines Benchmarks gegenübergestellt. Aus den entsprechenden Ergebnissen lassen sich Einblicke gewinnen, wie gut das Unternehmen im untersuchten Bereich hinsichtlich des Projektwissensmanagements aufgestellt ist. Vergleiche können dabei z. B. innerhalb der eigenen Branche, nach Projektarten oder Unternehmensgröße erfolgen. Die Ergebnisse der Evaluationsphase werden gesammelt, aufbereitet und mit den zuständigen Auftraggebern des Verbesserungsprojekts diskutiert.

Phase 3: Konzeption

In der Konzeptionsphase sollte besonderes Augenmerk darauf gelegt werden, wie schnelle Erfolge erzielt werden können. Solche „Quick Wins", die darauf ausgelegt sind, den Mitarbeitern in kurzer Zeit Nutzen und echten Mehrwert zu bringen, steigern die Akzeptanz des Verbesserungsprojektes und des Projektwissensmanagements selbst. Diese Annahme durch die Mitarbeiter stellt einen extrem wichtigen Faktor dar, der über Erfolg und Misserfolg des Verbesserungsprozesses mitentscheidet.

Neben „Quick Wins" werden in der Konzeptionsphase auch konkrete mittel- und langfristig wirkende Verbesserungspotenziale des Projektwissensmanagements identifiziert und dokumentiert. Die Ergebnisdatenbank der Studie wird dabei genutzt, um kontextabhängig Lösungsansätze zu entwickeln sowie diese situativ nach Wirkungsgrad zu klassifizieren und zu priorisieren. In Zusammenarbeit mit entsprechenden Experten aus dem Unternehmen können so optimierte Projektwissensmanagement-Prozesse entwickelt und in die Projektmanagement-Methodik integriert werden. Von besonderer Bedeutung ist hier die Entwicklung von individuell auf das Unternehmen zugeschnittenen Projektwissensmanagementprozessen - diese werden an die in der Organisation verwendete Projektmanagementmethodik angepasst, nicht umgekehrt. Im Gegensatz dazu gefährdet ein „Überstülpen" der Projektwissensmanagement-Prozesse über die Methodik die Akzeptanz des Ansatzes und somit den Projekterfolg.

Werden in der Konzeptionsphase Optimierungsmöglichkeiten in der Aufbauorganisation identifiziert, sollte in einer Diskussion mit den Projektsponsoren geklärt werden, ob eine Organisationsänderung aus deren Sicht sinnvoll und gewünscht ist. Da es sich in diesem Fall meist um nicht unerhebliche Anpassungen handelt, muss auch geprüft werden, ob diese nicht in ein eigenes Projekt verlagert werden sollten.

Ist geplant, im Rahmen des Verbesserungsprojekts eine IT-Lösung zur Unterstützung des Projektwissensmanagements einzuführen, wird die entsprechende Software durch einen standardisierten Auswahlprozess identifiziert, der neben einem Ranking der Lösungen auch eine Demonstration durch den Anbieter vor einem ausgewählten Personenkreis vorsieht („Show Case"). Diese Vorgehensweise erscheint auf den ersten Blick aufwändig, bietet aber oft die einzige Möglichkeit, die Versprechen der Softwareproduzenten einer validen Prüfung zu unterziehen. Der Auswahlprozess erfordert einen gewissen Ressourceneinsatz, ist jedoch bei weitem kostengünstiger, als im Projektverlauf festzustellen, dass die ursprünglich geplante Lösung für den konkreten Anwendungsfall nicht geeignet ist.

Als wesentliches Ergebnis der Konzeptionsphase wird eine Roadmap für die Umsetzung entwickelt und mit dem Auftraggeber abgestimmt. Darin werden unter anderem festgelegt:

- die zu implementierenden Module

- der detaillierte Projektplan für die Umsetzungsphase

- mögliche Risiken, die bei der Umsetzung auftreten könnten, sowie korrespondierende Gegenmaßnahmen

- ein Kommunikationsplan zur Information und Einbeziehung der Mitarbeiter in den beteiligten Bereichen.

Weiterhin wird dem Projekt-Auftraggeber zum Ende der Konzeptionsphase eine Dokumentation über die Ergebnisse übergeben.

Phase 4: Umsetzung, Erfolgskontrolle und weitere Verbesserung

Erstes Etappenziel der Umsetzungsphase ist es, in der Organisation einen gelebten Projektwissensmanagementprozess durch die Implementierung der in der Roadmap definierten Maßnahmen auf den Ebenen Organisation, Prozesse, Infrastruktur und Kultur zu etablieren. Aufgrund der Vielschichtigkeit der zu behandelnden Themen, die gegebenenfalls umfassende Veränderungen im Unternehmen nach sich ziehen, sollte den Punkten projektbegleitende Kommunikation und (Organizational) Change Management in der Implementierungsphase ein hoher Stellenwert eingeräumt werden. Diese Maßnahmen unterstützen den grundlegenden Stützpfeiler des (Projekt-) Wissensmanagements: Das Schaffen eines Bewusstseins für den Stellenwert von Wissen im Unternehmen - auch und *gerade* während der Projektarbeit.

Alle weiteren Arbeitspakete (oder je nach Umfang auch Teilprojekte) in den vier Gestaltungsfeldern werden in der Konzeptionsphase organisationsspezifisch entwickelt oder aus den aus der Studie hervorgegangenen Ergebnissen individuell zusammengestellt. Einige Beispiele, wie die Studienergebnisse genutzt werden können, sind in Abschnitt 4.2 beschrieben. Die Kurzfallstudien in Abschnitt 3 zeigen weitere Ansätze im konkreten unternehmensspezifischen Kontext.

Ist die Umsetzung der in der Konzeption definierten Maßnahmen abgeschlossen, wird eine Erfolgskontrolle durchgeführt. Dazu kann entweder das Instrument der Mitarbeiterbefragung herangezogen werden oder, als bevorzugte Variante, die Bestandsaufnahme aus der ersten Phase wiederholt werden. Aus den Ergebnissen lässt sich ablesen, ob das Verbesserungsprojekt erfolgreich war und ob möglicherweise Bereiche zu stark oder zu wenig im Fokus standen. Idealerweise werden die gewonnen Daten genutzt, um den Reifegrad des gesamten Projektwissensmanagementprozesses durch kontinuierliche Verbesserung auf das gewünschte Niveau anzuheben. Ein erster Schritt in diese Richtung kann beispielsweise die Erstellung einer Roadmap für die kontinuierliche Verbesserung des Projektwissensmanagements darstellen, deren Inhalte sich jeweils im Projektverlauf konkretisieren.

4.2 Nutzung der Studienergebnisse im Lauf des Verbesserungsprozesses

Die im Verbesserungsprojekt per Interview oder Fragebogen gesammelten Ergebnisse können der Datenbasis der in diesem Band präsentierten Studie gegenübergestellt werden. Dabei finden die vier Gestaltungsfelder Kultur, Infrastruktur/IT, Organisation und Prozesse besondere Berücksichtigung. Gerade bei den Interviewergebnissen sollte jedoch darauf geachtet werden, in Kommunikation und Diskussion nicht ausschließlich Diagramme und Zahlen zu nutzen, sondern auch die zusätzlich gewonnen Informationen und Eindrücke aus den Gesprächen. Es bietet sich an, diese gezielt den zusammengefassten Ergebnissen der empirischen Studie gegenüberzustellen. Damit werden Methoden und Praktiken aufgezeigt, die als Lösungsansätze in ein Verbesserungsprojekt übernommen werden können. Darüber hinaus bietet eine derartige Gegenüberstellung eine Basis für die Entwicklung konkreter, situativ angepasster Lösungsansätze.

Abbildung 72 zeigt einen Ausschnitt eines Vergleichs ausgewählter Daten aus der Interviewphase für den Themenbereich Lessons Learned. Der Einfluss kultureller Faktoren ist deutlich sichtbar: In allen Fällen wird die Nicht-Durchführung von Lessons Learned nicht sanktioniert – trotzdem werden in zwei von drei Unternehmen erfolgreich Lessons Learned aufgenommen. Auch bezüglich deren Weiterverwendung gibt es Unterschiede: Teilweise werden die generierten Unterlagen systematisch ausgewertet und in Prozesse bzw. Handbücher aufgenommen (der Einfluss der Aktivierung von Erfahrungen auf den Projektwissensmanagement-Erfolg wird in Abschnitt 2.6.1 ausführlicher beschrieben). Werden diese Ergebnisse der Studie der in den Evaluations-Interviews herausgearbeiteten konkreten Situation im Unternehmen gegenübergestellt, lässt sich daraus eine ungefähre Erfolgswahrscheinlichkeit für den Einsatz von Methoden und Werkzeugen ableiten.

Abbildung 72:   **Unterschiedliche Ansätze bei „Lessons Learned" (Quelle: Experteninterviews)**

	Form	Zeitpunkt	Beteiligte	Verwendung
U1	Liste	Projekt ende	alle Projekt-beteiligten	- keine Sanktionen bei Nicht-Durchführung - keine systematisierte Ablage - ausschließlich bei sehr wichtigen Lernerfolgen Übernahme ins Qualitätsmanagement-System
...	...	...	...	...
U12	Liste (thematisch)	fortlaufend	Projekt-leiter	- keine Sanktionen bei Nicht-Durchführung - Einbeziehung in Planung neuer Projekte - Grundlage für Revision des Projektmanagement-Handbuchs
...	...	...	...	...
U25	unspezifiziert	Zu Projekt-tende gefordert	alle Projekt-beteiligten	- keine Sanktionen bei Nicht-Durchführung - deshalb selten durchgeführt
...	...	...	...	...

Quelle: Eigene Erhebung; N = 27 Interviews.

Um konkrete Ansatzpunkte für Verbesserungen des Projektwissensmanagements zu identifizieren, bietet sich die Gegenüberstellung von Ergebnissen der Studie und der Evaluationsphase in Form eines Netzdiagramms an. In

Abbildung 73 sind beispielhaft einige Ergebnisse der Interviewphase dargestellt. Werden auch die Evaluationsergebnisse in das Diagramm überführt, können beispielsweise anhand folgender Fragestellungen Optimierungspotenziale aufgedeckt werden:

- Bei welchen Themen/Werkzeugen liegt das betrachtete Unternehmen nahe am oder im negativen Bereich?

- Bei welchen Themen/Werkzeugen liegt das betrachtete Unternehmen unterhalb vom oder nahe am Durchschnitt?

Abbildung 73:   **Ausgewählte Ergebnisse der Interview-Phase**

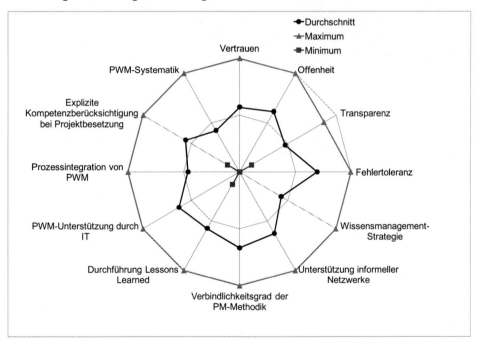

Quelle: Eigene Erhebung; N = 27 Interviews; Das Zentrum des Netzdiagramms entspricht einem negativen Ergebnis, der äußere Rand einem positiven; jeweils Maximum, arithmetisches Mittel und Minimum über alle Teilnehmer für die an den Achsen genannten Themenbereiche.

Falls wie empfohlen, im Rahmen der Evaluation mehrere Interviews durchgeführt werden, können auch deren Ergebnisse auf die gezeigte Art und Weise verglichen werden. Dies erlaubt die Identifizierung von Best Practices inner-

138

halb des eigenen Unternehmens und deren Einbeziehung in die Konzeptionsphase.

Auch die quantitative Datenbasis der Studie lässt sich für Verbesserungspro-
jekte nutzen. Die Auswertungen lassen sich beispielsweise noch weiter nach
Branche, Projektart oder Unternehmensgröße differenzieren. In

Abbildung 74 ist dargestellt, wie ausgewählte Werkzeuge in IT-Projekten im
Vergleich zu Nicht-IT-Projekten genutzt werden. Derartige Informationen lassen sich verwenden, um

- den geplanten Einsatz von Werkzeugen zu prüfen bzw. deren Wirk-
  samkeit zu verifizieren,

- die optimalen Werkzeuge für eine gegebene Situation (beispielsweise
  eine konkrete Projektart) zu identifizieren.

Abbildung 74: **Nutzung von Systemen/Instrumenten in IT- und Nicht-IT-
Projekten**

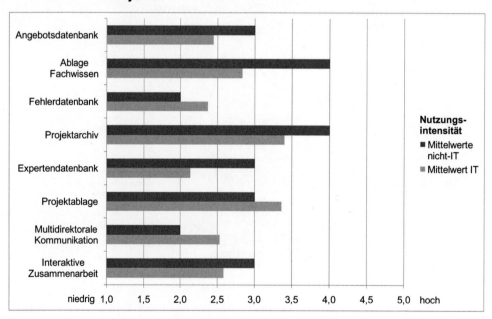

Quelle: Eigene Erhebung; N = 496; Skala 1 (niedrig) bis 5 (hoch).

Ein weiteres Beispiel für die Nutzung der Studienergebnisse zur Verbesserung
des Projektwissensmanagements in der Praxis ist in Abbildung 75 dargestellt:
Die Abbildung zeigt den Zusammenhang zwischen der Nutzung von Wissens-
management-Werkzeugen und der Unterstützung des Projektwissensmanagements für Qualitäts- und Inhaltsziele. Dokumentation anderer Projekte,

Vorlagen und Lessons Learned unterstützen die Projektarbeit am stärksten in Bezug auf Qualitäts- und Inhaltsziele und können somit gezielt bei Schwächen in diesem Bereich eingesetzt werden. Die im Beispiel verwendeten Daten wurden über die drei Projektphasen Angebot/Projektstart, Planung und Durchführung aggregiert. Für die gezielte Optimierung einzelner Phasen erlaubt die Datenbasis auch eine differenzierte Betrachtung.

Abbildung 75: **Korrelation (Spearman) zwischen der Nutzung von Werkzeugen und der Unterstützung von Qualitäts- und Inhaltszielen**

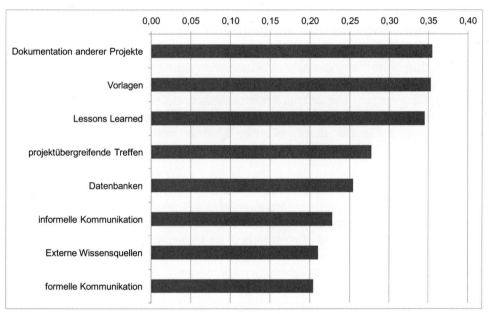

Quelle: Eigene Erhebung; N = 496; Spearman-Korrelationskoeffizienten zwischen dem jeweiligen Werkzeug und der Unterstützung von Qualitäts- und Inhaltszielen.

Die skizzierten Beispiele zeigen lediglich einen kleinen Ausschnitt der Möglichkeiten, welche die im Rahmen der Studie erhobene Datenbasis bietet. Beim Einsatz in konkreten Optimierungsprojekten können die am besten geeigneten Werkzeuge oder Verbesserungsansätze

- für eine Projektart
- für eine Projektphase
- für die gezielte Verbesserung einzelner Projektziele (z.B. Zeit, Kosten oder Qualität/Ergebnis)

identifiziert und umgesetzt werden. Dies bietet sich an, wenn in der Evaluationsphase einzelne Schwachpunkte aufgedeckt wurden.

Wird eine Optimierung oder Neueinführung des *gesamten* Projektwissensma-nagements angestrebt, werden im ersten Zyklus *aggregierte* Daten verwendet, um das Oberziel nicht aus den Augen zu verlieren. Nach der Durchführung der erarbeiteten Maßnahmen schließt sich eine Stabilisierungs- und Reifephase an, während derer sich die eingeführten Prozesse und Werkzeuge etablieren. Im zweiten Projektzyklus folgt eine Erfolgskontrolle: Existierende Schwachstel-len werden identifiziert, Wege zu deren Behebung (auf Grundlage der Studien-ergebnisse) entwickelt und umgesetzt.

4.3 Integrative Sicht – Projektwissensmanagement, Wissens-controlling und übergreifendes Wissensmanagement

Der beschriebene, strukturierte Verbesserungsprozess ermöglicht, die im Rahmen der Studie Projektwissensmanagement identifizierten Potenziale in der Praxis zu nutzen. Die einzelnen Prozessschritte sind dabei – unabhängig von Größe und Kontext der betrachteten Organisationseinheit – identisch, Umfang und Inhalte der durchgeführten Maßnahmen werden jedoch an die unternehmensspezifische Situation angepasst.

Projektwissensmanagement darf nicht isoliert von einem bereits in der Organi-sation existierenden, übergreifenden Wissensmanagementansatz betrachtet werden. Nur in einigen (sehr unterschiedlichen) Branchen wie z.B. dem Groß-anlagenbau, aber auch der Unternehmensberatungsbranche, lässt sich auf-grund des hohen Anteils an Projektarbeit im Unternehmen Projekt- nicht von übergreifendem Wissensmanagement trennen. In den übrigen Branchen kann die Einführung des Projektwissensmanagements – sofern noch kein unter-nehmensweites Wissensmanagement besteht – auch als Pilotprojekt herange-zogen werden, das den Anwendern schnell den Nutzen derartiger Lösungen vor Augen führt und auf diese Weise im Idealfall auch die Akzeptanz eines Folgeprojekts wie „unternehmensweites Wissensmanagement" sicherstellt.

Im Rahmen der Wissensmanagementaktivitäten bietet es sich insbesondere für Unternehmen mit hoher Wissensorientierung an, auch Instrumente für Wissenscontrolling einzuführen. Darunter wird im hier verwendeten Sinn ein Prozess verstanden, durch den einerseits das bereits im Unternehmen vor-handene Wissen erfasst, andererseits das zusätzlich darüber hinaus benötigte Wissen gezielt identifiziert wird. Die sich ergebenden Lücken können auf ver-schiedene Art und Weise geschlossen werden, zum Beispiel:

- Einstellung von Mitarbeitern mit dem relevanten Wissen
- Einkauf von externem Wissen (z.B. in Form von Beratern)
- Auslagerung von Teilen der Wertschöpfung (z.B. Fremdvergabe der Konstruktion)

5 Zusammenfassung

Andreas Wald

Der gezielte und erfolgreiche Umgang mit Wissen ist zu einem zentralen Erfolgsfaktor in entwickelten Volkswirtschaften geworden. Für Unternehmen spielt die Ressource Wissen daher eine immer bedeutendere Rolle. Das Wissensmanagement ist jedoch bereits in permanenten Organisationen kein triviales Problem. In temporären Strukturen und Prozessen wird dieses durch die spezifischen Eigenschaften von Projekten noch erheblich gesteigert. Dies wurde in der wissenschaftlichen Literatur erkannt und im Rahmen von ersten empirischen Studien untersucht. Eine Studie, die auf einer großen Stichprobe beruht und daher eine differenzierte Betrachtung unterschiedlicher Projektarten und Branchen ermöglicht, lag bislang jedoch nicht vor. Mit der vorliegenden Untersuchung wurde diese Forschungslücke geschlossen und eine Bestandsaufname des Status quo des Projektwissensmanagements in der Praxis vorgelegt. Auf dieser Grundlage konnten Erfolgsdeterminanten für das Projektwissensmanagement identifiziert und ein starker und positiver Zusammenhang zwischen Projektwissensmanagement und Projekterfolg nachgewiesen werden. Diese Erkenntnisse bilden die Grundlage für die Ableitung von Gestaltungsempfehlungen für die Praxis.

Die Ergebnisse der Studie zeigen, dass zwischen der wahrgenommen Bedeutung des Wissens und dem tatsächlichen Umgang eine deutliche Diskrepanz besteht. So sind in vielen der befragten Unternehmen keine Systeme, Strukturen und Prozesse implementiert, die einen effektiven und effizienten Umgang mit dem im Projektkontext erzeugten Wissen erlauben. Dies bedeutet, dass Projektwissensmanagement oft vernachlässigt, oder aber die Umsetzung entsprechender Maßnahmen nicht erfolgreich durchgeführt wird. Diese Beobachtung variiert zwar in den verschiedenen Branchen – in den besonders wissensintensiven Bereichen wie z.B. in der Beratung und in der Forschung und Entwicklung kann man vergleichsweise starke Aktivitäten festzustellen – hat aber insgesamt über alle befragten Wirtschaftszweige Bestand.

Die Studie hat jedoch auch gezeigt, wie lohnenswert Aktivitäten im und Investitionen ins Wissensmanagement sein können. Dort wo ein funktionierendes Projektwissensmanagement implementiert wurde, schlägt sich dies unmittelbar auf den Erfolg der Projekte nieder. Die erfolgreiche Ausgestaltung des Projektwissensmanagements selbst ist von vielen verschiedenen Faktoren abhängig. Es wurde nachgewiesen, dass alle kulturellen, organisatorischen, prozessualen und informationstechnischen Faktoren, die den Erfolg des Projektwissensmanagement bestimmen, eine direkte oder indirekte Wirkung zeigen. Die zentralen Stellhebel aber sind die Qualität der implementierten Systeme hinsichtlich ihrer Zweckmäßigkeit und Benutzerfreundlichkeit und eine aktiv unterstützende und auch einfordernde Rolle des Managements. Eine wichtige Rolle spielen außerdem kulturelle Determinanten, die zwar meist nur indirekt, trotzdem aber eine erhebliche Wirkung ausüben. Insgesamt ist es das Zusammenspiel und die gegenseitige Abstimmung von „harten" und „weichen" Faktoren, die ein erfolgreiches Projektwissensmanagement ermöglichen.

Unternehmen, denen es gelingt, Projektwissensmanagement zu integrieren, verbessern ihre Ausgangsposition im zukünftigen wissensgetriebenen Wettbewerb.

Literaturverzeichnis

Adenfelt, M./Lagerström, K. (2006): Enabling knowledge creation and sharing in transnational projects, in: International Journal of Project Management, 24. Jg., Nr. 3, S. 191-198.

Akgün, A. E./Byrne, J./Keskin, H./Lynn, G. S./Imamoglu, S. Z. (2005): Knowledge networks in new product development projects: A transactive memory perspective, in: Information & Management, 42. Jg., Nr. 8, S. 1105-1120.

Akgün, A. E./Keskinen, H./Byrne, J. C./Aren, S. (2007): Emotional and learning capability and their impact on product innovativeness and firm performance. Technovation, Nr. 27, S. 501-513.

Alavi, M./Tiwana, A. (2002): Knowledge Integration in Virtual Teams: The Potential Role of KMS, in: Journal of the American Society for Information Science and Technology, 53. Jg., Nr. 12, S. 1029-1037.

Alavi, M./Kayworth, T. R./Leidner, D. E. (2006): An empirical Examination of the influence of organizational culture and knowledge management practices, in: Journal of Management Information Systems, 22. Jg., Nr. 3, S. 191-224.

Ayas, Karen (1996): Professional project management: a shift towards learning and a knowledge creating structure, in: International Journal of Project Management, 14. Jg., Nr. 3, S. 131-136.

Ayas, K. (1997): Integrating corporate learning with project management, in: International Journal of Production Economics, 51. Jg., Nr. 1-2, S. 59-67.

Ayas, K./Zeniuk, N. (2001): Project-Based Learning: Building Communities of Reflective Practitioners, in: Management Learning, 32. Jg., Nr. 1, S. 61-76.

Baker, G./Gibbons, R./Murphy, K. J. (1999): Informal authority in organizations, in: Journal of Law, Economics, and Organization, 15. Jg., Nr. 1, S. 56-73.

Bleicher, K. (1996): Unterwegs zur Netzwerk-Organisation, in: Balck, H. (Hrsg.): Networking und Projektorientierung, Berlin 1996, S. 59-71.

Blessing, D./Riempp, G./Österle, H (2001): Entwicklungsstand und –perspektiven des Managements dokumentierten Wissens bei großen Unternehmensberatungen, in: Wirtschaftsinformatik, 43. Jg., Nr. 5, S. 431-442.

Boh, W. F. (2007): Mechanisms for sharing knowledge in project-based organizations, in: Information & Organization, 17. Jg., Nr. 1, S. 27-58.

Boutellier, R./Gassmann, O./von Zedwitz, M. (2000): Managing Global Innovation. Uncovering the Secrets of Future Competitiveness, Berlin 2000.

Bresnen, M./Edelman, L./Newell, S./Scarbrough, H./Jacky, S. (2003): Social practices and the management of knowledge in project environments, in: International Journal of Project Management, 21. Jg., Nr. 3, S. 157-167.

Bresnen, M./Goussevskaia, A./Swan, J. (2005): Organizational Routines, situated Learning and Processes of change in project-based organizations; in: Project Management Journal S. 27-41.

Brettreich-Teichmann, W. (2003): Wissensmanagement in verteilten Organisationen, Wiesbaden 2003.

Brookes, N. J./Morton, S. C./Dainty A.R./Burns N. D. (2006): Social processes, patterns and practices and project knowledge management: A theoretical framework and an empirical investigation, in: International Journal of Project Management, 24 Jg., Nr. 6, S. 474-482.

Brusoni, S./Prencipe, A./Salter, A. (1998): Mapping and measuring innovation in project-based firms, Working Paper No. 46, SPRU, University of Sussex 1998.

Bullinger, H. J./Warnecke, H. J./Westkämper, E. (2003): Neue Organisationsformen im Unternehmen. Ein Handbuch für modernes Management, Heidelberg 2003.

Bullinger, H. J. (2006): Fokus Innovation. Kräfte bündeln – Prozesse beschleunigen, Stuttgart 2006.

Carrillo, P./Robinson, H./Al-Ghassani, A./Anumba, C. (2004): Knowledge management in UK construction: Strategies, resources and barriers, in: Project Management Journal, 35 Jg., Nr. 1, S. 46-56.

Cavaleri, S. A., Fearon, D. S. (2000): Integrating organizational learning and business praxis: a case for intelligent project management. The Learning Organization, 7 (5), S. 251-258.

Cicmil, S. (2006): Understanding Project Management Practice through interpretive and critical Research Perspectives, in: Project Management Journal, 37. Jg., Nr. 2, S. 27-37.

Cohen, W. M./Levinthal, D. A. (1990): Absorptive capacity: a new perspective on learning and innovation, in: Administrative Science Quarterly, 35. Jg., S. 128-125.

Collier B./DeMarco T./Fearey, P. (1996): A defined process for project postmortem review, in: IEEE Software, 13. Jg., Nr. 4, S. 65-72.

Corso, M./Martini, A./Pellegini, L./Massa, S./Testa, S. (2006): Managing dispersed workers: the new challenge in Knowledge Management, in: Technovation, 26. Jg., S. 583-594.

Cüppers, A. (2006): Wissensmanagement in einem Baukonzern: Anwendungsbeispiele bei Bauprojekten, Düsseldorf 2006.

Damm, D./Schindler, M. (2002): Security issues of a knowledge medium for distributed project work, in: International Journal of Project Management, 20. Jg., S. 37-47.

Davenport, R. H./De Long, D. W./Beers, M. C. (1998): Working Knowledge : How organizations manager what they know, Boston, MA, USA 1998.

Deckert, C. (2002): Wissensorientiertes Projektmanagement in der Produktentwicklung, Aachen 2002.

DeFillippi, R. J./Arthur, M. (1998): Paradox in Project-Based Enterprise: The case of filmmaking, in: California Management Review, 40. Jg., Nr. 2, S. 125-139.

DeFillippi, R. J. (2001): Project-based learning, reflective practices and learning outcomes, Management Learning, 32. Jg., Nr. 1, S. 5-10.

Desouza, K. C./Evaristo, J. R. (2004): Managing Knowledge in Distributed Projects, in: Communication of the ACM, 47. Jg., Nr.4, S. 87.

Dietrich, P. (2006): Mechanisms for inter-project integration - empirical analysis in program context, in: Project Management Journal, 37. Jg., Nr. 3, S. 49-61.

Disterer, G. (2002): Management of project knowledge and experience, in: Journal of Knowledge Management, 6. Jg., Nr. 5, S. 512-520.

Drucker, P. (1998): Wissen – die Trumpfkarte der entwickelten Länder, in: Harvard Business Manager, 4. Jg., S. 9-11.

Ekstedt, E./Lundin, R. A./Soderholm, A. (1999): Neo-industrial Organising: Renewal by Action and Knowledge Formation in a Project-intensive Economy, London 1999.

Ericsson, K. A./Charness, N./Feltovich, P. (2006): Cambridge handbook on expertise and expert performance, Cambridge, MA, USA 2006.

Fernie, S. et al. (2003): Knowledge sharing: context, confusion and controversy, in: International Journal of Project Management, 21. Jg., Nr. 3, S. 177-187.

Flecker, J./Schienstock, G. (1991): Flexibilisierung, Deregulierung und Globalisierung – Intere und externe Restrukturierung betrieblicher Organisation, München 1991.

Fong, P. S. W. (2003): Knowledge creation in multidisciplinary project teams: an empirical study of the processes and their dynamic interrelationships, in: International Journal of Project Management, 21. Jg., Nr. 7, S. 479-486.

Gann, D. M./Salter, A. J. (2000): Innovation in project-based, serviceenhanced firms: the construction of complex products and systems, in: Research Policy, 29. Jg., Nr. 7/8, S. 955-972.

Grant, R. M. (1996): Toward A Knowledge-Based Theory Of The Firm, in: Strategic Management Journal, 17. Jg., S. 109-122.

Grillitsch, W./Müller-Stingl, A./Neumann, R. (2006): Enabling Cross-Project Knowledge Creation through „Knowledge oriented project supervision", in: Kazi, A. S./Wolf, P. (Hrsg.): Real-Life Knowledge Management: Lessons from the Field, Knowledge Board, Helsinki 2006, S. 163-179.

Gulliver, F. R. (1987): Post-project appraisals pay, in: Harvard Business Review (March-April), S. 128-132.

Haas, M. (2006): Knowledge Gathering, Tam Capabilities, and Project Performance in Challenging Work Environments; in: Management Science, 52 Jg., Nr. 8, S. 1170-1184.

Hall J., Sapsed, J. (2005): Influences of knowledge sharing and hoarding in project-based firms. In Love, P., Fong, P., Irani, Z. (Hrsg.): Management of Knowledge in Project Environments. Elsevier, Oxford, 2005, pp. 57-79.

Henry, R. M./McCray, G. E./Purvis, R. L./Roberts, T. L. (2007): Exploiting organizational knowledge in developing IS *project* cost and schedule estimates: An empirical study, in: Information & Management, 44. Jg., Nr. 6, S. 598-612.

Hobday, M. (2000): The project-based organisation: an ideal form for managing complex products and systems?, in: Research Policy, 29 Jg., Nr. 7/8, S. 871-894.

Hong, H.-K./Kim, J.-S./Taehun, K./Leem, B.-H. (2007): The effect of knowledge on system integration project performance. Industrial Management & Data, 108. Jg., Nr. 3, S. 385-404.

Huang, J. C./Newell, S. (2003): Knowledge integration processes and dynamics within the context of cross-functional projects, in: International Journal of Project Management, 21. Jg., Nr. 3, S. 167-176.

Humpl, B. (2004): Transfer von Erfahrungen: ein Beitrag zur Leistungssteigerung in projektorientierten Organisationen, Wiesbaden 2004.

Hunger, M. (2005): Erfahrungssicherung in IT-Projekten, Wiesbaden 2005.

Ibert, O. (2004): Projects and firms as discordant complements: organisational learning in the Munich software ecology, in: Research Policy, 33. Jg., Nr. 10, S. 1529-1546.

Ilgen, A. (2001): Wissensmanagement im Grossanlagenbau: Ganzheitlicher Ansatz und empirische Prüfung, Wiesbaden 2001.

Jewels, T./Ford, M. (2006): Factors Influencing Knowledge Sharing in Information Technology Projects, in: e-Service Journal, 5. Jg., Nr. 1, S. 99-117.

Karlsen, J. T./Gottschalk, P. (2003): An empirical evaluation of knowledge transfer mechanisms for it projects, in: Journal of Computer Information Systems, Fall 2003, S. 112-119.

Karlsen, J. T./Gottschalk, P. (2004): Factors Affecting Knowledge Transfer in IT Projects, in: Engineering Management Journal, 16. Jg., Nr. 1, S. 3-10.

Karlsen J. T./Gottschalk, P. (2006): Project Manager Roles in IT Outsourcing, in: Engineering Management Journal, 18. Jg., Nr. 1, S. 3-9.

Kasvi, J. J./Vartiainen, M./Hailikari, M. (2003): Managing knowledge and knowledge competences in projects and project organizations, in: International Journal of Project Management, 21. Jg., Nr. 8, S. 571-582 (URL: http://dx.doi.org/10.1016/S0263-7863(02)00057-1).

Keegan, A./Turner, J. R. (2001): Quantity versus Quality in Project-based Learning Practices, in: Management Learning, 32. Jg., Nr. 1, S.77-98.

Klosa, O. (2001): Wissensmanagementsysteme in Unternehmen: State-of-the-Art des Einsatzes, Wiesbaden 2001.

Kogut, B./Zander, U. (1992): Knowledge of the Firm, Combinative Capabilities, and the Replication of Technology, in: Organization Science, 3. Jg., Nr. 3, S. 383-397.

Koners, U./Goffin, K. (2007a): Learning from New Product Development Projects: An Exploratory Study, in: Creativity & Innovation Management, 14. Jg., Nr. 4, S. 334-344.

Koners, U./Goffin, K. (2007b): Learning from Postproject Reviews: A Cross-Case Analysis, in: Journal of Product Innovation Management, 24. Jg., Nr. 3, S. 242-258.

Koskinen, K. U./Pihlanto, P./Vanharanta, H. (2003): Tacit knowledge acquisition and sharing in a project work context, in: International Journal of Project Management, 21. Jg., Nr. 4, S. 281-290.

Koskinen, K. U. (2004): Knowledge Management To Improve Project Communication And Implementation, in: Project Management Journal, 35. Jg., Nr. 2, S. 13-19.

Kotnour, T. (2000): Organizational learning practices in the project management environment, in: International Journal of Quality&Reliability Management, 17. Jg., Nr. 4/5, S. 393-406.

Krippendorff, K. (2004): Reliability in Content Analysis Some Common Misconceptions and Recommendations, in: Human Communication Research, 30. Jg., Nr. 3, S. 411-433.

Liebowitz, J./Megbolugbe, I. (2003): A set of frameworks to aid the project manager in conceptualizing and implementing knowledge management initiatives, in: International Journal of Project Management, 21. Jg., Nr. 3, S. 189-198.

Lundin, R. A./Midler, C. (1998): Evolution of Project as Empirical Trend and Theoretical Focus. In: Lunding, R. A., Midler, C. (Hrsg.): Projects as Arenas for Renewal and Learning Processes. Kluwer Academic Publishers, Boston et al. S. 1-9.

Lundin, R. A./Söderholm, A. (1998): Conceptualizing a projectified society: discussion of an eco-institutional approach to a theory on temporary organizations. In: Lunding, R. A., Midler, C. (Hrsg.): Projects as arenas for learning. Kluwer Publishing, Norwell, MA. USA.

Love, P./Fong, P./Irani, Z. (Hrsg.) (2005): Management of Knowledge in Project Environments, in: Love, P./Fong, P./Irani, Z. (Hrsg.) (2005): Management of Knowledge in Project Environments, Oxford Butterworth-Heinemann, S. XIII-XVII.

Meyerson, D./Weik, L/Kramer, R. (1996): Swift Trust and Temporary Groups, in: Kramer, R./Tyler, T. (Hrsg.): Trust in Organizations: Frontiers of Theory and Research, Thousand Oaks 1996, S. 166–196.

Mitchell, V. (2006): Knowledge Integration and Information Technology Project Performance, in: MIS Quarterly, 30. Jg., Nr. 4, S. 919-939.

Nahapiet, J./Ghoshal, S. (1998): Social Capital, Intellectual Capital, and the Organizational Advantage, in: Academy of Management Review, 23. Jg., Nr. 2, S. 242-266.

Newell, S. (2004): Enhancing Cross-Project Learning, in: Engineering Management Journal; M, 16. Jg., Nr. 1, S. 12-20.

Newell, S./Tansley, C./Huang, J. (2004): Social Capital and Knowledge Integration in an ERP Project Team: The Importance of Bridging AND Bonding, in: British Journal of Management, Supplement 1, 15. Jg., S. 43-57.

Nonaka, I./Takeuchi, H. (1996): A theory of organizational knowledge creation, in: International Journal of Technology Management; 11. Jg., Nr. 7/8, S. 833-846.

Pawlowski, P. (1994): Wissensmanagement in der lernenden Organisation, Paderborn 1994.

Peterson, M. (2001): Wissensmanagement in der strategischen Unternehmensberatung: Erfolgsfaktoren, Methoden und Konzepte, Wiesbaden 2001.

Picot, A./Reichwald, R./Wigand, R. T. (1998): Die grenzenlose Unternehmung – Information, Kommunikation und Management, Wiesbaden 1998.

Porter, M. E. (1991): Towards a dynamic theory of strategy, in: Strategic Management Journal, 12. Jg., S. 95-117.

Prencipe, A./Tell, F. (2001): Inter-project learning: processes and outcomes of knowledge codification in project-based firms, in: Research Policy, 30. Jg., Nr. 9, S. 1373-1394.

Probst, G. J./Raub, S./Romhardt, K. (1998): Wissen managen. Wie Unternehmen ihre wertvollste Ressource optimal nutzen, Wiesbaden 1998.

Raymond, L./Bergeron, F. (2008): Project management information systems: An empirical study of their impact on project managers and project success, in: International Journal of Project Management, 26. Jg., S. 213-220.

Reich, B. H. (2007): Managing Knowledge and Learning in IT Projects: A Conceptual Framework and Guidelines for Practice, in: Project Management Journal, 38. Jg., Nr. 2, S. 5-17.

Renzl, B. (2008): Trust in management and knowledge sharing: The mediating effects of fear and knowledge documentation. Omega, 36, S. 206-220.

Ruuska, I./Vertiainen, M. (2005): Characteristics of knowledge sharing communities in project organizations, in: International Journal of Project Management, 23. Jg., S. 374-379.

Sapsed, J./Gann, D./Marshall, N./Salter, A. (2005): From here to eternity?: The practice of knowledge transfer in dispersed and co-located project organizations, in: European Planning Studies, 13. Jg., Nr. 6, S. 831-851.

Savage, C. M. (1997): Fifth Generation Management – Kreatives kooperieren durch virtuelles Unternehmertum, dynamische Teambildung und Vernetzung von Wissen, Zürich 1997.

Schindler, M. (2002): Wissensmanagement in der Projektabwicklung, Köln 2002.

Schindler, M./Eppler, M. J. (2003): Harvesting Project Knowledge: A Review of Project Learning Methods and Success Factors, in: International Journal of Project Management, 21. Jg., Nr. 3, S. 219-228.

Sense, A. J. (2003): A model of the politics of project leader learning, in: International Journal of Project Management, 21. Jg., Nr. 2, S. 107-114.

Sense, A. J./Antoni, M. (2003): Exploring the politics of project learning, in: International Journal of Project Management, 21. Jg., Nr. 7, S. 487-495.

Sense, A. J. (2007): Learning within project practice: Cognitive styles exposed, in: International Journal of Project Management, 25. Jg., Nr. 1, S. 33-40.

148

Snider, K./Nissen, M. (2003): Beyond the body of knowledge: A knowledge flow approach to project management theory and practice, in: Project Management Journal, 34. Jg., Nr. 2, S. 4-13.

Söderquist, K. E. (2006): Organising Knowledge Management and Dissemination in New Product Development: Lessons from 12 Global Corporations, in: Long Range Planning, 39. Jg., Nr. 5, S. 497-523.

Spender, J.-C. (1996): Making knowledge the basis of a dynamic theory of the firm, in: Strategic Management Journal, 17. Jg., S. 45-62.

Steiger, C. (2000): Wissensmanagement in Beratungsprojekten auf Basis innovativer Informations- und Kommunikationstechnologien: Das System K3', Dissertation, Universität-Gesamthochschule Paderborn 2000.

Sydow, Jörg (2006): Management von Netzwerkorganisationen, Wiesbaden 2006.

Teece, D. J./Pisano, G./Shuen, A. (1997): Dynamic Capabilities and Strategic Management, in: Strategic Management Journal, 18. Jg., Nr. 7, S. 509-533.

Teece, D. J. (1998): Capturing Value from Knowledge Assets: The New Economy, Markets for Know-how, and Intangible Assets, in: CMR, 40. Jg., Nr. 3, S. 55-79.

Tesch, D./Kloppenburg, T./Stemmer, J. K. (2003): Project Management Learning: What the Literature Has to Say, in: Project Management Journal, December 2003, S. 33-39.

Warnecke, H. J. (1993): Revolution der Unternehmenskultur. Das fraktale Unternehmen, Berlin, Heidelberg, New York 1993.

Warnecke, H. J./Zahn, E. (2005): Wandlungsfähige Unternehmensstrukturen, Berlin 2005.

Westkämper, E. et al. (2004): Sonderforschungsbereich 467: Wandlungsfähige Unternehmensstrukturen, Stuttgart 2004.

Willke, H. (1997): Wissensarbeit, in: Organisationentwicklung, 3. Jg., S. 4-18.

Winch, G. (2000): The management of projects as a generic business process, in: Lundin, R. A./Hartman, F. (Hrsg.): Projects as business constituents and guiding motives, Boston, MA, USA 2000.

Winter, S. (1987): Knowledge and competence as strategic asset, in: Teece, D. J. (Hrsg.): The Competitive Challenge – Strategies for Industrial Innovation and Renewal, Cambridge, S. 159-184.

Zahn, E./Nowak, M./Berger, S. (2004): Wissen als Faktor der Wandlungsfähigkeit von Unternehmen, in: Westkämper, E. et al. (Hrsg): Sonderforschungsbereich 467: Wandlungsfähige Unternehmensstrukturen, S. 51-54, Lampertheim 2004.

Anhang

5.1 Partner, Sponsoren und Beteiligte der Studie

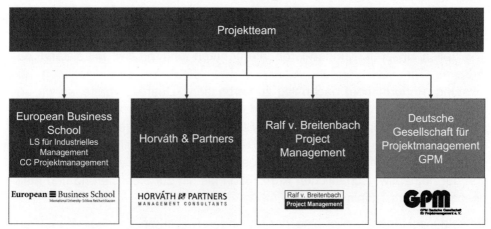

European Business School (EBS)

Die European Business School (EBS) International University Schloss Reichartshausen in Wiesbaden/Rheingau ist die älteste private Hochschule für Betriebswirtschaft in Deutschland. Als eine der renommiertesten Hochschulen für Betriebswirtschaft setzt die EBS neue Maßstäbe auf dem Gebiet der betriebswirtschaftlichen Ausbildung und der Weiterbildung von Führungskräften. Seit über 30 Jahren ist die EBS geprägt durch eine Vielzahl von Innovationen in Lehre, Forschung, Weiterbildung und Hochschulmanagement.

Strascheg Institute for Innovation and Entrepreneurship (SIIE)

Das 2007 aus dem Lehrstuhl für Industrielles Management an der EBS hervorgegangene Strascheg Institute for Innovation and Entrepreneurship (SIIE) betreibt unter der Leitung von Professor Dr. Ronald Gleich und Professor Dr. Peter Russo mit mehr als 40 Mitarbeitern praxisorientierte Forschung, Lehre und Weiterbildung in den Kernthemenfeldern Innovationsmanagement, Entrepreneurship, Aviation Management sowie im Projektmanagement und Controlling.

Horváth & Partners

Horváth & Partners ist eine unabhängige, international tätige Managementberatung mit über 400 hochqualifizierten Mitarbeitern. Mit Büros in Deutschland, Österreich, der Schweiz, Rumänien, Spanien, Ungarn und USA ist Horváth & Partners in sieben Ländern vor Ort präsent. Darüber hinaus begleiten wir unsere Kunden weltweit.

Wir helfen unseren Kunden-Großunternehmen und großer Mittelstand aus Industrie, Dienstleistung und Handel sowie öffentliche Organisationen -die Leistung (Performance) nachhaltig zu verbessern. Deshalb verstehen wir uns als "Performance Architects". Unser spezieller Beratungsansatz gewährleistet, dass sich Lösungen aus den Feldern Strategisches Management und Innovation, Prozessmanagement und Organisation sowie Controlling zur Steigerung der Gesamtperformance ineinander fügen. Dabei begleiten wir unsere Kunden von der betriebswirtschaftlichen Konzeption bis hin zur Realisierung und maßgeschneidertem Training.

Umsetzungskompetenz ist eine der besonderen Stärken von Horváth & Partners. Die enge Zusammenarbeit zwischen betriebswirtschaftlichen Spezialisten und IT-Experten stellt die Umsetzbarkeit der Lösungen bereits in der Konzeptionsphase sicher. Unabhängigkeit ermöglicht stets die Auswahl der passenden IT-Lösung und des geeigneten Implementierungspartners. Exzellentes Projektmanagement sorgt für die kostenbewusste und punktgenaue Einrichtung der Lösungen.

GPM Deutsche Gesellschaft für Projektmanagement

Die GPM ist der deutsche Fachverband für Projektmanagement.

1979 als gemeinnütziger Verein gegründet, besteht die satzungsgemäße Aufgabe in der Förderung des Projektmanagements, insbesondere der Aus- und Weiterbildung sowie der Forschung und Information auf diesem Gebiet. Die GPM ist der deutsche Vertreter in der IPMA (International Project Management Association).

Das primäre satzungsgemäße Ziel der GPM ist es, die Anwendung von Projektmanagement in Deutschland zu fördern: weiter zu entwickeln, zu systematisieren und zu standardisieren sowie weiter zu verbreiten.

Mit derzeit über 4.500 Mitgliedern aus allen Bereichen der Wirtschaft, der Hochschulen und der öffentlichen Hand sowie einem großen Interessentenkreis ist die GPM zur treibenden Kraft für eine systematische Weiterentwicklung des Projektmanagements in Deutschland geworden.

In ihrer Arbeit

- führt die GPM Projektverantwortliche aus Wirtschaft, Hochschulen und öffentlichen Verwaltungen zusammen – und damit Theorie und Praxis.

- schafft die GPM die Plattform zum interdisziplinären Austausch von Informationen und Erfahrungen.

- fördert die GPM die Entwicklung des methodischen Fachwissens und dessen Verknüpfung mit dem unternehmerischen und menschlichen Umfeld.

Ralf v. Breitenbach Project Management

Die Ralf v. Breitenbach Project Management ist eine Unternehmensberatung für Projektmanagement.

Wir vereinbaren messbare Ziele, an denen sich der Projekterfolg, aber auch unser Einsatz evaluieren lässt. Wir unterstützen unsere Kunden in der Optimierung ihrer Projektmanagement-Organisationen und in der Umsetzung ihrer Projekte. Über besondere Expertise verfügen wir in Unternehmen der Investitionsgüter-Industrie wie Bau, Maschinen- und Anlagenbau. Wir übernehmen nach Wunsch Beratungsfunktionen (Training, Coaching, Projekt-Patenschaften) oder das verantwortliche Projektmanagement.

Unser Know How bieten wir in offenen Seminaren oder auch Inhouse-Schulungen an. In Projektabschluss-Workshops sorgen wir dafür, dass die erarbeiteten Ergebnisse, Erfolgsfaktoren und Verbesserungspotentiale sichtbar gemacht und anderen Projekten zur Verfügung gestellt werden.

Dipl.-Ing. Ralf v. Breitenbach ist Certified Senior Project Manager der GPM-IPMA und Lehrbeauftragter für Project Management an der European Business School.

5.2　Die Autoren

Prof. Dr. Andreas Wald
Leiter des Competence Centers Projektmanagement am Strascheg Institute for Innovation and Entrepreneurship (SIIE) der European Business School (EBS)

Dipl.-Ing. Frank Lindner

Wissenschaftlicher Mitarbeiter am Strascheg Institute for Innovation and Entrepreneurship (SIIE) der European Business School (EBS)

Christoph Schneider, M.A.

Wissenschaftlicher Mitarbeiter am Strascheg Institute for Innovation and Entrepreneurship (SIIE) der European Business School (EBS)

Dipl. Volksw. Ana Kristin Müller
Wissenschaftliche Mitarbeiterin am Strascheg Institute for Innovation and Entrepreneurship (SIIE) der European Business School (EBS) und Consultant bei Horváth & Partners Management Consultants

Dipl.-Ing. Ralf H. von Breitenbach

Inhaber der RvB-PM, Unternehmensberatung; Lehrbeauftragter für Projektmanagement an der European Business School (EBS), Certificated Senior Project Manager der GPM-IPMA

Dipl. Wi.-Ing. Bastian Hanisch
Wissenschaftlicher Mitarbeiter am Strascheg Institute for Innovation and Entrepreneurship (SIIE) der European Business School (EBS) und Consultant bei Horváth & Partners Management Consultants

Dipl.-Inf. MA Computer Science Michael Gschwendtner
Principal im Competence Center „Transfomation by IT"; Leiter des Competence Teams „CIO & Project Advisory" bei Horváth & Partners Management Consultants

5.3   Abbildungsverzeichnis

154

156

5.4 Tabellenverzeichnis

158

5.5 Abkürzungsverzeichnis

BP	Best Practice
BSC	Balanced Scorecard
CoPs	Communities of Practice
DBI	DB International
DL	Dienstleistungsunternehmen
EBS	European Business School
Elektro	Elektronikindustrie
FuE	Forschung und Entwicklung
IJPM	International Journal of Project Management
inf.	informell
IT	Informationstechnologie
KPI	Key Performance Indicators
LI	Lessons Learned
MW	Mittelwert
pers.	persönlich
PL	Projektleiter/-ung
PM	Projektmanagement
PMC	Project Management Community
PMI	Project Management Institute
PMM	Projektmanagementmethodik
PMO	Projektmanagement Office
prod. Industrie	produzierende Industrie
PWM	Projektwissensmanagement
SD	Standardabweichung
Telekom.	Telekommunikation
TPL	Teilprojektleiter
WA	Wissensaustausch
W-Austausch	Wissensaustausch
Wis-Transf.	Wissenstransfer
WM	Wissensmanagement
W-Strategie	Wissensstrategie
WT	Wissensträger oder für Wissenstransfer

5.6 Fragebogen

PROJEKTWISSENSMANAGEMENT
Status Quo | Gestaltungsfaktoren | Erfolgsdeterminanten

European Business School (EBS)
Lehrstuhl für Industrielles Management
Schloss Reichartshausen
65375 Oestrich-Winkel

oder per Fax an: 06723 6022 29

Fragebogen zur Studie

Projektwissensmanagement

Status quo | Gestaltungsfaktoren | Erfolgsdeterminanten

Wir bitten um 25 Minuten Ihrer Zeit!

Die Studie

Ziel der Untersuchung ist es herauszufinden, welche Faktoren von zentraler Bedeutung für das erfolgreiche Management von Projektwissen sind und wie diese Erfolgsfaktoren in der Praxis effektiv umgesetzt werden können.

Die Studie ist ein Kooperationsprojekt zwischen der European Business School (EBS) und der GPM Deutsche Gesellschaft für Projektmanagement.

Ansprechpartner

European ☰ Business School
International University · Schloss Reichartshausen

Prof. Dr. Andreas Wald
06723 6022 13 ▪ andreas.wald@ebs.edu

Frank Lindner
06723 6022 21 ▪ frank.lindner@ebs.edu

Antje Funck
0911 433369 0 ▪ a.funck@GPM-IPMA.de

Hinweise zum Ausfüllen

Sämtliche Ihrer Angaben werden streng vertraulich behandelt und nur in anonymisierter und aggregierter Form ausgewertet, so dass keine Rückschlüsse auf Ihr Unternehmen möglich sind.

Bei den meisten Fragen brauchen Sie lediglich einen der vorgegebenen Kreise einer Bedeutungsskala anzukreuzen. Sollten Sie einzelne Fragen nicht exakt beantworten können, geben Sie bitte eine ungefähre Schätzung an.

Bitte schicken Sie den Fragebogen bis **zum 16. November 2007** per E-Mail, Post oder Fax an uns zurück (Adresse passend für Sichtfenster). Sie können den Fragebogen auch auf www.gpm-ipma.de/PWM herunterladen, elektronisch ausfüllen und per E-Mail an uns richten.

Gerne lassen wir Ihnen nach Abschluss der Studie eine Zusammenfassung der Ergebnisse zukommen. Verwenden Sie bitte das Formblatt am Ende des Fragebogens zur Anforderung der Studienergebnisse.

Vielen herzlichen Dank für Ihre Zeit und Ihre Unterstützung!

European ☰ Business School
International University · Schloss Reichartshausen

160

PROJEKTWISSENSMANAGEMENT
Status Quo | Gestaltungsfaktoren | Erfolgsdeterminanten

GPM Deutsche Gesellschaft
für Projektmanagement e. V.

---

1 Projektlandschaft des Unternehmens

1.1 In welcher Branche operiert Ihr Unternehmen/Ihre Geschäftseinheit vorrangig?

- ○ Anlagenbau
- ○ Automobil
- ○ Beratung
- ○ Bauindustrie
- ○ Chemie
- ○ Finanzdienstleistungen

- ○ IT/Software
- ○ Luftfahrt
- ○ Maschinenbau
- ○ Pharma
- ○ Öffentliche Unternehmen
- ○ Telekommunikation

- ○ Sonstige: ✎ _____

1.2 Bitte machen Sie Angaben zur Bedeutung der Projektarbeit für Ihr Unternehmen

	Trifft überhaupt nicht zu				Trifft vollkommen zu
Projekte haben für unser Unternehmen insgesamt eine hohe Bedeutung	①	②	③	④	⑤

1.3 Welche Projektarten finden in Ihrem Unternehmen Anwendung
(Mehrfachnennung möglich)

Projekte für externe Kunden

- ○ Auftragsabwicklungsprojekte / Kundenprojekte

  z.B.: Bau einer Anlage, Beratung, Bau einer Sondermaschine, Entwicklung einer Software

Interne Projekte bzw. für interne Kunden

- ○ FuE Projekte
- ○ Investitionsprojekte
- ○ IT Projekte
- ○ Organisationsprojekte

FuE = Forschung und Entwicklung;   IT = Informationstechnologie

---

Wir möchten Sie bitten, dass Sie sich bei der Beantwortung aller folgenden Fragen auf die Projektart beziehen, die den Schwerpunkt Ihres Tätigkeits- bzw. Verantwortlichkeitsbereichs darstellt!

1.4 Auf welche Projektart beziehen Sie sich im Folgenden?
(Bitte nur eine Nennung)

Projekte für externe Kunden

- ○ Auftragsabwicklungsprojekte / Kundenprojekte

  z.B.: Bau einer Anlage, Beratung, Bau einer Sondermaschine, Entwicklung einer Software

Interne Projekte bzw. für interne Kunden

- ○ FuE Projekte
- ○ Investitionsprojekte
- ○ IT Projekte
- ○ Organisationsprojekte

1.5 Bitte machen Sie Angaben zu Projekten in der ausgewählten Projektart

	Reine Projektorganisation	Sowohl als auch	Matrix-Projektorganisation
Wie sind Projekte in die Organisation eingebettet?	①	②	③

Aus wie vielen Mitarbeitern bestehen Projektteams in der Regel? ✎ _____	Wie viele Projekte laufen zur Zeit parallel im Unternehmen ✎ _____

European ≡ Business School
International University · Schloss Reichartshausen

2

PROJEKTWISSENSMANAGEMENT
Status Quo | Gestaltungsfaktoren | Erfolgsdeterminanten

GPM Deutsche Gesellschaft
für Projektmanagement e. V.

1.6 Inwiefern treffen folgende Aussagen auf diese Projekte zu?

	Trifft überhaupt nicht zu				Trifft vollkommen zu
Projekte werden durch international zusammengesetzte Projektteams bearbeitet	①	②	③	④	⑤
Projekte haben einen hohen Wiederholungsgrad	①	②	③	④	⑤
Projekte sind komplex hinsichtlich des *fachlichen Projektinhalts*	①	②	③	④	⑤
Projekte sind komplex hinsichtlich der *fachlichen Heterogenität der Beteiligten*	①	②	③	④	⑤
Projekte sind in der Regel mit einem hohen Risiko verbunden	①	②	③	④	⑤
Zwischen Projektbeteiligten liegen kurze Wege (räumliche Nähe)	①	②	③	④	⑤

1.7 Inwiefern treffen folgende Aussagen auf die Projektmanagementmethodik (z.B. Phasen, Werkzeuge, Organisation) zu?

	Trifft überhaupt nicht zu				Trifft vollkommen zu
Die Projektmanagementmethodik ist standardisiert	①	②	③	④	⑤
Die Projektmanagementmethodik wird in allen Projekten angewandt	①	②	③	④	⑤

1.8 Schulung/Ausbildung der Projektbeteiligten

	Trifft überhaupt nicht zu				Trifft vollkommen zu
Alle Projektbeteiligten (Mitarbeiter/Projektleiter) sind bezüglich Projektmanagement geschult	①	②	③	④	⑤
Alle Projektbeteiligten (Mitarbeiter/Projektleiter) sind bezüglich Projektmanagement zertifiziert	①	②	③	④	⑤

1.9 Welche Aussagen zur übergeordneten Projektunterstützung treffen zu?

	Ja	Nein
Es gibt eine übergeordnete Stelle zur Projektunterstützung (z.B. PM-Büro/Office)	○	○
Es gibt einen Pool von Projektleitern bzw. Projektmanagern, die hauptamtlich die administrative Projektleitung durchführen	○	○

1.10 Arbeit in Projekten

	Trifft überhaupt nicht zu				Trifft vollkommen zu
Mitarbeitern wird ein hohes Maß an Handlungs- und Entscheidungsautonomie gewährt	①	②	③	④	⑤
Probleme werden unabhängig von der Hierarchie zuerst dort angesprochen, wo sie auftreten	①	②	③	④	⑤
Regeln und Anweisungen bestimmen den Projektalltag	①	②	③	④	⑤
Projektleiter fördern ein hohes Maß an Eigeninitiative der Mitarbeiter	①	②	③	④	⑤
Mitarbeiterkreativität wird in Projekten unterstützt	①	②	③	④	⑤
Mit Fehlern wird offen umgegangen	①	②	③	④	⑤
Es besteht die Bereitschaft, die Verantwortung für Fehler zu übernehmen	①	②	③	④	⑤
Mitarbeiter arbeiten gerne in Projekten	①	②	③	④	⑤

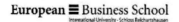

European ☰ Business School
International University · Schloss Reichartshausen

3

162

2 Projekterfolg

2.1 Wie hoch ist <u>nach Ihrer Einschätzung</u> der Grad der Zielerreichung über die Gesamtheit der Projekte <u>in der von Ihnen unter 1.4 ausgewählten Projektart</u>?

Zielerreichung hinsichtlich ...	Gering				Sehr hoch
... Kosteneinhaltung	①	②	③	④	⑤
... Ergebnis / Qualität	①	②	③	④	⑤
... Zeiteinhaltung	①	②	③	④	⑤
... Gesamtergebnis	①	②	③	④	⑤

2.2 Wie hoch ist <u>nach Ihrer Einschätzung</u> die Zufriedenheit der Projektbeteiligten über die Gesamtheit der Projekte in der jüngeren Vergangenheit <u>in der von Ihnen unter 1.4 ausgewählten Projektart</u>?

Zufriedenheit der...	Gering				Sehr hoch
... Kunden (extern)	①	②	③	④	⑤
... Sponsoren / Auftraggeber / Kunden (intern)	①	②	③	④	⑤
... Projektmitarbeiter	①	②	③	④	⑤
... Projektleiter	①	②	③	④	⑤

3 Management von Wissen im Projektkontext

3.1 Welche Wissensgebiete sind für die Projektarbeit relevant?

	Überhaupt nicht				In hohem Maße
Methodenwissen, Problemlösungswissen, Wissen zu internen Prozessen	①	②	③	④	⑤
Produktwissen	①	②	③	④	⑤
Technologiewissen	①	②	③	④	⑤
Marktwissen, Branchenwissen, Kundenwissen, Lieferantenwissen	①	②	③	④	⑤
Wissen über Kooperationspartner, Beziehungswissen	①	②	③	④	⑤
Rechtliches Wissen	①	②	③	④	⑤

3.2 Inwiefern treffen folgende Aussagen zu Wissensmanagement zu?

	Trifft überhaupt nicht zu				Trifft voll-kommen zu
Unser Unternehmen hat eine übergeordnete Stelle / Funktion für Wissensmanagement	①	②	③	④	⑤
Es gibt eine Stelle / Funktion, die sich mit dem Management von Projektwissen beschäftigt	①	②	③	④	⑤
Für das Management von Wissen...					
... *innerhalb von einzelnen* Projekten gibt es festgelegte Vorgehensweisen	①	②	③	④	⑤
... *innerhalb von einzelnen* Projekten gibt es festgelegte Verantwortlichkeiten	①	②	③	④	⑤
... *zwischen* Projekten gibt es festgelegte Vorgehensweisen	①	②	③	④	⑤
... *zwischen* Projekten gibt es festgelegte Verantwortlichkeiten	①	②	③	④	⑤

European ≣ Business School
International University - Schloss Reichartshausen

PROJEKTWISSENSMANAGEMENT
Status Quo | Gestaltungsfaktoren | Erfolgsdeterminanten

GPM Deutsche Gesellschaft
für Projektmanagement e. V.

3.3 Wo liegt der Schwerpunkt der Projekt-Wissensmanagementaktivitäten?

	Trifft überhaupt nicht zu				Trifft vollkommen zu
Organisation und Systematisierung von Informationen und Wissen	①	②	③	④	⑤
Sicherstellung der Einpflegung und Aktualität von Wissen in Systeme / Datenbanken	①	②	③	④	⑤
Inhaltliche und redaktionelle Pflege, Wissensbewertung	①	②	③	④	⑤
Vermittlung / In Kontakt bringen von Wissensträgern	①	②	③	④	⑤
Recherche/Informationsbeschaffung (Rechercheaufträge)	①	②	③	④	⑤
Weitere: ✏ _____	①	②	③	④	⑤

3.4 Welche Ziele sind mit dem Management von Projektwissen verbunden?

	Trifft überhaupt nicht zu				Trifft vollkommen zu
Generieren neuer Ideen	①	②	③	④	⑤
Lernen aus Erfahrungen / von guten Beispielen	①	②	③	④	⑤
Vermeidung von Doppelarbeit, Wiederverwendung von Wissens-/Lösungsbausteinen	①	②	③	④	⑤
Vermeidung von Wiederholungsfehlern	①	②	③	④	⑤
Verbesserte Schätz- bzw. Prognosequalität (Projektplanung)	①	②	③	④	⑤
Verringerung von Projektrisiken	①	②	③	④	⑤
Erhöhung der Professionalität in der Projektmanagement-Methodik	①	②	③	④	⑤
Verbesserte Zusammenarbeit und Kommunikation	①	②	③	④	⑤
Weitere: ✏ _____	①	②	③	④	⑤

3.5 Welche Aussagen zum gelebten Wissensaustausch im Projektkontext treffen zu?

	Trifft überhaupt nicht zu				Trifft vollkommen zu
Es findet Wissensaustausch *innerhalb von Projekten* statt	①	②	③	④	⑤
Es findet Wissensaustausch *zwischen verschiedenen Projekten* statt	①	②	③	④	⑤
Es findet Wissensaustausch *zwischen Projekten und Abteilungen / Funktionsbereichen* (Linie) statt	①	②	③	④	⑤
Es findet Wissensaustausch außerhalb formaler Dienstwege statt	①	②	③	④	⑤
Die Zusammenarbeit innerhalb von Projektteams ist durch gegenseitiges Vertrauen geprägt	①	②	③	④	⑤

Wissen wird als privates Gut gesehen	①	②	③	④	⑤	Wissen wird als gemeinsamer Wettbewerbsvorteil des Unternehmens gesehen
Wissensaustausch beruht auf Eigeninitiative der Mitarbeiter	①	②	③	④	⑤	Wissensaustausch beruht auf Einfordern durch das Unternehmen
Wissenstransfer erfolgt über Systeme bzw. Dokumente (Kodierung)	①	②	③	④	⑤	Wissenstransfer erfolgt über Personen (Personifizierung)

PROJEKTWISSENSMANAGEMENT
Status Quo | Gestaltungsfaktoren | Erfolgsdeterminanten

GPM Deutsche Gesellschaft
für Projektmanagement e. V.

3.6 Förderung von Wissensaustausch im Projektkontext

	Trifft überhaupt nicht zu				Trifft vollkommen zu
Die Beteiligung am Wissensmanagement wird im Unternehmen eingefordert	①	②	③	④	⑤
Anreizsysteme sind in unserem Unternehmen ein wirkungsvolles Instrument zur Förderung des Wissensaustauschs	①	②	③	④	⑤
Wir vermitteln den Unternehmens- und persönlichen Nutzen von Wissensmanagement in Seminaren und Workshops	①	②	③	④	⑤
Informelle Kommunikation zwischen Mitarbeitern wird durch das Unternehmen unterstützt	①	②	③	④	⑤
Vorsicht und gegenseitiges Misstrauen sind in unseren Projekten verbreitet	①	②	③	④	⑤
Man kann sich darauf verlassen, dass vollständiges Wissen weitergegeben wird	①	②	③	④	⑤
Der persönliche Nutzen des Wissensaustauschs wird von den Beteiligten verstanden	①	②	③	④	⑤
Das Top-Management nimmt beim Wissensmanagement eine aktive Rolle ein	①	②	③	④	⑤
Die Projektleitung nimmt beim Wissensmanagement eine aktive Rolle ein	①	②	③	④	⑤
Es finden informelle Treffen auf Teamebene statt	①	②	③	④	⑤
Es gibt Runden zu speziellen Themen mit dem Ziel des Wissensaustauschs (z.B. Communities of Practice)	①	②	③	④	⑤
Mitarbeitern werden zeitliche Freiräume für die aktive Mitwirkung am Wissensmanagement gewährt	①	②	③	④	⑤

3.7 Finden von Wissensträgern

	Trifft überhaupt nicht zu				Trifft vollkommen zu
Durch unsere Systeme (Datenbanken, Intranet) lassen sich Experten und Wissensträger im Unternehmen leicht identifizieren	①	②	③	④	⑤
Für bestimmte Themenfelder sind klare Ansprechpartner definiert	①	②	③	④	⑤
Ansprechpartner helfen gerne weiter und nehmen sich Zeit	①	②	③	④	⑤
Es bestehen keine Vorbehalte unter den Mitarbeitern auf Wissensträger zuzugehen, um Wissen auszutauschen	①	②	③	④	⑤

3.8 Systeme / Instrumente des Projektwissensmanagements

Welche Systeme / Instrumente kommen zum Einsatz?

	Gar nicht	Nutzungsintensität			Sehr intensiv
Werkzeuge interaktiver Zusammenarbeit (z.B. Net-Meeting, Team-Rooms)	①	②	③	④	⑤
Werkzeuge zur multidirektoralen Kommunikation (z.B. Foren, Wikis)	①	②	③	④	⑤
Projektablagen (z.B. E-Rooms, Dokumentenmanagement)	①	②	③	④	⑤
Expertendatenbanken, Kompetenzdatenbanken	①	②	③	④	⑤
Projektarchiv (z.B. Datenbanken, Ablagen in Papierform)	①	②	③	④	⑤
Datenbanken mit Lessons Learned, Erfahrungsdokumentation, Fehlerdatenbank	①	②	③	④	⑤
Zentrale Ablage von Fachwissen (z.B. Normen, Standards, Studien, Literatur)	①	②	③	④	⑤
Angebotsdatenbank	①	②	③	④	⑤
Weitere: ✏ _____	①	②	③	④	⑤

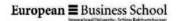

European ☰ Business School
International University · Schloss Reichartshausen

PROJEKTWISSENSMANAGEMENT
Status Quo | Gestaltungsfaktoren | Erfolgsdeterminanten

Nutzung dieser Systeme / Instrumente	Trifft überhaupt nicht zu				Trifft vollkommen zu
Wir messen die Systemnutzung	①	②	③	④	⑤
Die Nutzung der Systeme ist Bestandteil im Projektalltag	①	②	③	④	⑤
Die in den Systemen enthaltenen Inhalte sind übersichtlich strukturiert	①	②	③	④	⑤
Die Systeme sind einfach zu benutzen	①	②	③	④	⑤
Die Systeme unterstützen das Speichern von Wissen in der Projektarbeit effektiv	①	②	③	④	⑤
Die Systeme unterstützen das Suchen von Wissen in der Projektarbeit effektiv	①	②	③	④	⑤
Die Systeme unterstützen das Verteilen von Wissen in der Projektarbeit effektiv	①	②	③	④	⑤

3.9 Wie stark nutzen Sie Wissensquellen / -speicher in den jeweiligen Projektphasen?

Wissensaustausch über Systeme	Angebots-/Startphase					Planungsphase					Durchführung				
	Gar nicht			Sehr intensiv		Gar nicht			Sehr intensiv		Gar nicht			Sehr intensiv	
Dokumentation anderer Projekte	①	②	③	④	⑤	①	②	③	④	⑤	①	②	③	④	⑤
Datenbanken (Kunden, Wettbewerb, Technologie)	①	②	③	④	⑤	①	②	③	④	⑤	①	②	③	④	⑤
Lessons Learned aus anderen Projekten	①	②	③	④	⑤	①	②	③	④	⑤	①	②	③	④	⑤
Methodik-Leitfäden und Vorlagen	①	②	③	④	⑤	①	②	③	④	⑤	①	②	③	④	⑤
Externe Wissensquellen	①	②	③	④	⑤	①	②	③	④	⑤	①	②	③	④	⑤

Wissensaustausch über Personen	Angebots-/Startphase					Planungsphase					Durchführung				
	Gar nicht			Sehr intensiv		Gar nicht			Sehr intensiv		Gar nicht			Sehr intensiv	
Ansprechen von Kollegen *die man persönlich kennt*	①	②	③	④	⑤	①	②	③	④	⑤	①	②	③	④	⑤
Ansprechen von Kollegen *die man nicht persönlich kennt* (Datenbank, Empfehlung)	①	②	③	④	⑤	①	②	③	④	⑤	①	②	③	④	⑤
Projektleitertreffen bzw. sonstige projektübergreifende Treffen	①	②	③	④	⑤	①	②	③	④	⑤	①	②	③	④	⑤
Externe Wissensträger (z.B. Berater)	①	②	③	④	⑤	①	②	③	④	⑤	①	②	③	④	⑤

3.10 Projektdokumentation und Umgang mit Erfahrungen aus Projekten

	Trifft überhaupt nicht zu				Trifft vollkommen zu
Nach Projektende werden alle projektrelevanten Dokumente systematisiert abgelegt (z.B. Verträge, Projektpläne, Status- und Abschlussberichte, Projektziele)	①	②	③	④	⑤
Es existieren Mechanismen zur Übernahme von Erfahrungen und Erkenntnissen aus Projekten in die Projektmanagementmethodik	①	②	③	④	⑤
Wir führen *nach* Projekten Lessons Learned Treffen durch und arbeiten die Lernpunkte heraus	①	②	③	④	⑤
Wir führen *während* des Projekts fortlaufend (z.B. an Meilensteinen) Lessons Learned Treffen durch	①	②	③	④	⑤
Es existieren Mechanismen zur systematischen und zentralen Ablage von Lessons Learned (Datenbanken)	①	②	③	④	⑤
Es existieren Mechanismen zur Bereitstellung der Lessons Learned bzw. Erfahrungen gegenüber Projektleitern und Projektmitarbeitern anderer Projekte	①	②	③	④	⑤
Es werden die verschiedenen Stakeholder (Kunden, Sponsoren) von Projekten in Lessons Learned Workshops einbezogen	①	②	③	④	⑤

European Business School
International University · Schloss Reichartshausen

3.11 Messung der Intensität der Projektwissensmanagement-Aktivitäten

	Trifft überhaupt nicht zu				Trifft vollkommen zu
Wir messen die Erreichung der Wissensmanagement-Ziele	①	②	③	④	⑤
Wir messen die Nutzungsintensität des Wissensmanagements über Kennzahlen	①	②	③	④	⑤
Wir befragen die Nutzer des Wissensmanagement nach ihrer Zufriedenheit	①	②	③	④	⑤

4 Erfolg des Wissensmanagements im Projektkontext

Bitte machen Sie Angaben zum Aufwand / Nutzen von Wissensmanagement im Projektkontext

> **Beziehen Sie sich bei der Beantwortung bitte auch hier auf die von Ihnen in 1.4 ausgewählte Projektart**

Die Vorgehensweisen, Systeme und Strukturen des Wissensmanagements im Projektkontext unterstützen…	Trifft überhaupt nicht zu				Trifft vollkommen zu
… das *Generieren* von Wissen effektiv	①	②	③	④	⑤
… das *Speichern* von Wissen effektiv	①	②	③	④	⑤
… das *Suchen* von Wissen effektiv	①	②	③	④	⑤
… das *Verteilen* von Wissen effektiv	①	②	③	④	⑤

Qualität des Wissens

Das Wissen, das in und zwischen Projekten ausgetauscht wird ist in der Regel…					
… akkurat	①	②	③	④	⑤
… vollständig	①	②	③	④	⑤
… aktuell	①	②	③	④	⑤

Aufwand

Der Aufwand zum Aufbereiten von Wissen steht in einem angemessenen Verhältnis zum Nutzen, der aus Projektwissensmanagement gezogen wird	①	②	③	④	⑤
Der Erschließungsaufwand für Wissen (Zeit, Suchkosten, Beurteilung) ist angemessen	①	②	③	④	⑤
Wissen ist so aufbereitet und abgelegt, dass es schnell und einfach für die Projektarbeit nutzbar ist	①	②	③	④	⑤

Effekte

Die Nutzung von Wissen aus vergangenen oder ähnlichen Projekten unterstützt …					
… die Projektarbeit hinsichtlich *Zeiteffizienz*	①	②	③	④	⑤
… die Projektarbeit hinsichtlich *Kosteneffizienz*	①	②	③	④	⑤
… die Projektarbeit hinsichtlich *Qualitäts- bzw. Inhaltszielen*	①	②	③	④	⑤
… Entscheidungsprozesse hinsichtlich Geschwindigkeit und Qualität	①	②	③	④	⑤

Nutzungsintensität

Die Nutzungsintensität des Projektwissensmanagements ist hoch	①	②	③	④	⑤
Die Nutzer sind zufrieden mit dem Projektwissensmanagement	①	②	③	④	⑤
Die zukünftigen Potentiale durch Projektwissensmanagement sind groß	①	②	③	④	⑤

PROJEKTWISSENSMANAGEMENT
Status Quo | Gestaltungsfaktoren | Erfolgsdeterminanten

---

5 Angaben zum Unternehmen und zu Ihrer Person

5.1 Welche Position und Rolle haben Sie aktuell im Unternehmen und in Projekten?

In der Linie

○ Geschäftsführung
○ Abteilungs- / Bereichsleitung
○ Fachkraft

○ Sonstige: ✎ _____

In Projekten

○ Projektleiter bzw. Teilprojektleiter
○ Projektmitarbeiter
○ Sponsor / Auftraggeber
○ Leitung Projektstelle (z.B. Projektmanagement-Office)
○ Mitarbeiter Projektstelle (z.B. Projektmanagement-Office)
○ Beauftragter für Projektmanagement
○ Qualitätsmanager für Projekte

○ Sonstige: ✎ _____

Wie lange arbeiten Sie bereits für das Unternehmen?   ✎ _____ Jahre

5.2 Innovation und Veränderungsprozesse im Unternehmen

	Trifft überhaupt nicht zu				Trifft vollkommen zu
Unser Unternehmen bringt neue Produkte / neue Dienstleistungen vor dem Hauptwettbewerber auf den Markt	①	②	③	④	⑤
Wir haben in den letzten drei Jahren mehr Innovationen bzw. deutlich verbesserte Produkte oder Dienstleistungen auf den Markt gebracht als der Hauptwettbewerber	①	②	③	④	⑤
Unser Unternehmen bringt neue Verfahren / Technologien zur Verbesserung interner Prozesse vor dem Hauptwettbewerber zum Einsatz	①	②	③	④	⑤
Änderungen im geschäftlichen Umfeld übersetzten wir schneller in veränderte Produkt- bzw. Dienstleistungsmerkmale als der Hauptwettbewerber	①	②	③	④	⑤
Änderungen im geschäftlichen Umfeld übersetzten wir schnell in veränderte interne Unternehmensprozesse	①	②	③	④	⑤

5.3 Wie schätzen Sie die Wettbewerbsposition Ihres Unternehmens ein?

	Im Vergleich zum Hauptwettbewerber				
	Deutlich geringer				Deutlich höher
Marktanteil	①	②	③	④	⑤
Größe	①	②	③	④	⑤
Wachstum	①	②	③	④	⑤
Profitabilität	①	②	③	④	⑤

5.4 Bitte geben sie folgende Unternehmenskennzahlen an

Im abgelaufenen Geschäftsjahr 2006

Umsatz   ✎ _____ Euro

Im abgelaufenen Geschäftsjahr 2006

Mitarbeiteranzahl   ✎ _____ MA

Vielen herzlichen Dank für Ihre Unterstützung!

European ≡ Business School
International University · Schloss Reichartshausen